Andre Mairock

Heimat im Emmental

Andre Mairock

Heimat im Emmental

Roman

Umwelthinweis:
Dieses Buch und der Schutzumschlag wurden auf chlorfrei gebleichtem Papier gedruckt.
Die Einschrumpffolie – zum Schutz vor Verschmutzung – ist aus umweltverträglichem und recyclingfähigem PE-Material.

Ungekürzte Buchgemeinschafts-Lizenzausgabe
der Buchgemeinschaft Donauland Kremayr & Scheriau, Wien,
und der angeschlossenen Buchgemeinschaften
Neu überarbeitete Auflage

Titelfoto: Mauritius die Bildagentur GmbH – Hubatka
Bearbeitung und Redaktion: Dr. Elisabeth Hirschberger,
München
Satz: Buch-Werkstatt GmbH, Bad Aibling
Druck und Bindung: Graphischer Großbetrieb Pößneck GmbH,
Pößneck
Printed in Germany 2000

Buch-Nr. 09750 1

Es weht nicht an jedem Tag ein trockener warmer Sommerwind durch das Emmental herauf, der dann seinen weiteren Weg zu den bewaldeten Höhen nimmt, die tief dunkelgrün, schon beinahe schwarz, gegen den Himmel stehen und das besonnte Blau begrenzen. Aber wenn das so ist, dann ist es wunderschön im Emmental.

Von dem einsam gelegenen Haus waren vom Weg aus nur die verwitterte Holzaufstockung und die Säulen des Laubenganges zu sehen, so sehr war es von Sträuchern und Schlingpflanzen umwachsen. Ab und zu erschien zwischen den Säulen des Balkons eine bereits ergraute Frau und warf einen Blick ins Tal, auf das freundliche Dorf, das in feiertäglicher Stille im Sonnenschein lag.

Das Haus war umgeben vom auf und ab schwellenden Summen zahlloser Bienen, die sich über die Blüten hermachten und den Honig eintrugen in die Stöcke, die hinter dem Haus in groß angelegten Bienenhäusern untergebracht waren. Die Bewohner dieses Hauses waren Imker.

Es war heute kein allgemeiner Feiertag, aber im Dorf fand eine Hochzeit statt, an der sich die gesamte Bevölkerung beteiligte, zunächst beim feierlichen Zug zur Kirche, dann beim Festmahl im

Saal des Wirtshauses und schließlich beim Tanz bis in die späte Nacht hinein.

Es ging laut und fröhlich zu drunten im Dorf, aber bis herauf zu dem einsamen Haus hörte man nichts davon, hier verlief der Tag wie jeder andere, nur dass die alte Mutter allein war; denn ihre Tochter Dorothee war mit allen anderen jungen Leuten auf der Hochzeit drunten. Sie blieb dort den ganzen Tag und kam erst spät in der Nacht heim.

In ihrer Begleitung befand sich ein junger Bauer aus dem Dorf, der beim Tanzen Dorothee näher gekommen war und sie dann nicht mehr aus den Augen gelassen hatte. Vielleicht hatte er schon seit längerer Zeit diese Annäherung gesucht und bei diesem Hochzeitstanz endlich die Gelegenheit wahrgenommen.

Aber Dorothee war ein etwas eigenartiges Mädchen, beeinflusst von ihrer Mutter, die den Glauben an die Liebe und Treue eines Mannes längst verloren hatte, weil ihre Ehe schon nach wenigen Jahren in die Brüche gegangen war. Sie hatte rasch hintereinander zwei Kindern das Leben geschenkt, zuerst der Dorothee und etwas mehr als ein Jahr später dem Simon. Und plötzlich zeigten sich die ersten unüberwindlichen Gegensätze in dieser Ehe.

Matthias Frey, ihr Mann, hatte keine Veranlagung zum Familienleben; ihm wurde es in dem alten Haus im Emmental zu eng. Er verfügte über ein ausgezeichnetes handwerkliches Können, das er hier aber nicht voll zur Entfaltung bringen konnte. Die Imkerei, die damals schon in dem alten Haus betrieben wurde, konnte Matthias' Tatendrang nicht befriedigen. Er zog hinaus in die Welt, kehrte in gewissen Abständen, zu besonderen Festtagen, heim und blieb eines Tages über ein ganzes Jahr aus, und als er darauf heimkehren wollte, ließ die verbitterte Frau ihn nicht mehr ins Haus.

Die Ehe war zerbrochen. Keiner der beiden Partner sah mehr eine Möglichkeit zur Versöhnung.

Sie zog ihre beiden Kinder allein auf. Diese gerieten immer mehr unter ihren Einfluss und hatten bald keine bessere Meinung von ihrem Vater als ihre Mutter.

Jetzt waren beide Kinder erwachsen. Dorothee kümmerte sich um die Imkerei und hatte dabei eine überaus glückliche Hand. Natürlich unterstützte ihr Bruder sie dabei mit viel Fleiß und Geschick. Die Geschwister fühlten sich einander eng verbunden und waren sich in allem einig, während der Groll auf den Vater, der die Familie einfach im Stich gelassen hatte, in ihrem Herzen wuchs und wuchs.

Seit etwa einem Jahr war Dorothee mit der Mutter allein. Ihr Bruder Simon war zum Wehrdienst eingezogen worden und kam ab und zu übers Wochenende heim.

Als an diesem Abend Dorothee sich mit ihrem Begleiter dem Haus näherte und durch die Bäume und Sträucher Licht aus den Fenstern fallen sah, glaubte sie, der Bruder sei auf Wochenendurlaub heimgekehrt und sie freute sich darüber.

Sie setzten sich auf eine der Steinschwellen, die zum Eingang hinaufführten.

»Vielen Dank für die Begleitung, Guido!«, sagte sie und lächelte ihm zu.

»Schade, dass du schon so früh heimgegangen bist.«

»Ich glaube, dass mein Bruder heimgekommen ist, weil noch Licht brennt. Es tut mir Leid, dass du meinetwegen das Fest verlassen hast! Du gehst doch nochmals zurück?«

Er schüttelte den Kopf. »Was soll ich dort ohne dich, Dorothee?«

Sie schaute ihn bestürzt an. »Ich denke, dass du eine Bäuerin für deinen Hof brauchst.«

»Ganz richtig. Drei Jahre ist es jetzt schon her, seit meine Eltern verunglückt sind. Der Randingerhof braucht nicht bloß einen Bauern, sondern auch eine junge Bäuerin. Es gibt nur eine junge Frau im Ort, die ich heiraten möchte, und das bist du, Dorothee!«

Sie schüttelte den Kopf. »Solange der Simon beim Militär ist, braucht die Mutter mich daheim. Wer soll denn die Bienen versorgen, den Honig schleudern, die Schwärme einholen?«

»Wir warten eben, bis dein Bruder zurückkommt. Aber ich möchte wissen, wie ich dran bin! Hast du mich gern, Dorothee?«

Sie zögerte mit der Antwort. »Ich weiß nicht, Guido. Es kommt alles zu schnell für mich!«

»Du würdest kein schlechtes Leben haben, wir haben die modernsten Maschinen und fleißige Mitarbeiter. Abschinden musst du dich jetzt nicht mehr als Bäuerin vom Randingerhof!«

»Wir kennen uns noch zu wenig, Guido!«, warf sie ein.

»Die Hauptsache ist die Liebe. Wenn die da ist, muss alles gut gehen.«

»Da hast du Recht, Guido. Darum werden wir uns fragen, ob die Liebe da ist.«

»Ich brauche mich da nicht mehr länger zu fragen.« Er tastete nach ihren Händen und drückte sie. »Dorothee, bitte, sag ja!«

Schweigend schaute sie in die Nacht.

»Dorothee! Bist du da?«, ertönte plötzlich eine Stimme vom dunklen Balkon her.

»Ja, Mutter, ich bin da«, antwortete das Mädchen etwas verwirrt.

»Wo bleibst du so lange?«

»Ich komme sofort!«

Sie verabschiedete den jungen Bauern, der ihr das Versprechen abnötigte, sich am Sonntag nach dem Kirchgang mit ihm zu treffen. Sie sagte es ihm zu, nur um ihn loszuwerden, ehe die Mutter herauskam.

Wer vom etwas baufälligen Äußeren des Hauses auf sein Inneres schloss, der sah sich sogleich von der Sauberkeit und stilvollen Wohnlichkeit überrascht, sobald er durch die Rundbogentür eingetreten war.

Die Möbel waren wohl alt, aber von bester Ausführung, die Zimmer frisch getüncht und teilweise getäfelt, die Fenster von draußen mit Ranken von grünen und blühenden Pflanzen umhangen.

Bei Licht zeigte sich, dass Dorothee ein hochgewachsenes, schlankes Mädchen war. Das schmale, hübsche Gesicht verriet eine gewisse Strenge und selbstständige Entscheidungskraft.

Jetzt betrat sie das Wohnzimmer und schaute enttäuscht um sich; denn außer der Mutter war niemand da.

»Ich dachte, dass der Simon über das Wochenende heimgekommen ist«, sagte sie.

»Nein, er fährt jetzt häufig mit seinem Stubenkameraden in Urlaub und verbringt die Tage in dessen Familie. Es wird ihm dort schon besser gefallen als daheim.«

»Vielleicht ist ihm die Heimfahrt zu weit.«

»Oder es wird ihm auch zu eng wie seinem Vater.«

Dorothee antwortete nicht, sondern begann, die festliche Kleidung abzulegen und eine einfachere anzuziehen.

»Wie war es auf der Hochzeit?«

»Ganz schön.«

»Mir war, als wärst du nicht allein heimgekommen.«

»Guido Randinger hat mich heimgebracht«, gestand Dorothee.

»Der junge Randinger? Wie kommt denn der dazu?«

»Er hat mich oft zum Tanzen aufgefordert, und

als ich heimgehen wollte, hat er mir seine Begleitung angeboten.«

»Ausgerechnet der Randinger!«

»Hast du etwas an ihm auszusetzen?«

»Man braucht nur hinzuhören, was die Leute von ihm sagen!«

»Die Meinung der Leute interessiert mich nicht. Auf alle Fälle zählt er zu den gut situierten Bauern. Hat einer was, braucht er sich um Neider nicht zu sorgen.«

»Er hat einen Bruder und ist nicht alleiniger Erbe. Wie man hört, ist es schon mehrmals zwischen den Brüdern zu schweren Auseinandersetzungen gekommen. Jedenfalls sehe ich es nicht gern, wenn du dich an diesen jungen Randinger hängst! Er hat nicht den besten Ruf. Man sagt, dass er das Geld ausgibt, wie er es einnimmt. Du bist ohne jede Erfahrung und glaubst jedes Wort, das ein Mann dir sagt.«

Sie setzte sich in einen Sessel und blickte zur Uhr.

»Ich hätte dir gern noch etwas erzählt, Dorothee.«

»Ich habe mich nicht an den Randinger gehängt, Mutter!«, verbesserte sie das Mädchen ärgerlich.

»Er hat mich zum Tanzen aufgefordert und ich sah keinen Grund, es ihm abzuschlagen. Als ich heimgegangen bin, hat er mich begleitet; es war doch schon dunkel, so dass er mich nicht allein gehen lassen wollte.«

Die Mutter winkte ungeduldig ab. »Ich kann dich vor solchen Annäherungen nur warnen. Dein Vater benahm sich am Anfang genauso ritterlich. Und was ist später daraus geworden? Du passt so wenig zu diesem Randinger, wie ich zu eurem Vater gepasst habe. Du bist keine Bäuerin und wirst nie eine werden, weil du nicht als Bäuerin geboren bist. Euer Vater war Stuckateur, er wollte in der Umgebung Arbeit suchen und sich im Übrigen der Imkerei widmen. Aber er war ein Zugvogel, er hielt es daheim nicht aus, sein Traum war die Freiheit. Ihr opferte er Liebe und Familie. Ich hatte damals keine Mutter mehr, die mich vor einer solchen unseligen Heirat gewarnt hätte. Ich habe mich ohne Bedenken in mein Unglück gestürzt.«

»Das hast du mir schon oft erzählt, Mutter«, erwiderte das Mädchen.

Martha Frey achtete nicht auf diesen Einwand.

»Er hat sich nicht einmal mehr darum gekümmert, was aus den Kindern geworden ist. Um seine eigenen Kinder!«, fuhr sie verbittert fort. »Ich hasse die Männer, die denken alle ganz anders, als sie reden. Alles an ihnen ist Lüge und Betrug!«

»Du darfst nicht alle Männer in einen Topf werfen, Mutter. Wenn du mit Vater diese schlechte Erfahrung gemacht hast, heißt das nicht, dass alle Männer so sind. Schau doch um dich, du findest viele glückliche Ehen!«, widersprach die Tochter.

»Soweit ich die Randingerbuben kenne, bieten sie keine Garantie dafür. Ich hoffe, dass du selbst zu dieser Erkenntnis kommen wirst, bevor es zu spät ist. Jedenfalls möchte ich nichts mehr davon hören.«

Dorothee antwortete nicht darauf; sie kannte die Einstellung der Mutter und wusste, dass sie von ihr erwartete, ohne einen Mann zu leben und zusammen mit ihrem Bruder die Imkerei zu betreiben und den Erfolg von Jahr zu Jahr zu steigern.

Sie trat hinaus in die Laube und schaute in die stille Nacht und hinauf zum Himmel, der voller Sterne war, sie lauschte auf das Flüstern im Gesträuch, wenn der Wind leise darüber strich.

Gewiss, sie fühlte sich nirgends sicherer als in diesem Haus, in dem sie geboren wurde. Sie liebte ihre Arbeit, aber sie war nicht glücklich. Es fehlte etwas in ihrem Leben. Auch wenn die Mutter nicht nachließ, ihr die Ehe in den schwärzesten Farben auszumalen, sie glaubte nicht daran. Das größte Glück im Leben war doch für eine Frau, wenn sie von einem Mann geliebt wurde und diese Liebe erwiderte.

Und trotzdem war eine Angst in ihr, eine Furcht vor dem Kommenden. Sie musste erst mit ihrem Bruder darüber sprechen. Wenn er auch nicht mehr Erfahrung hatte als sie selbst, schenkte sie ihm doch großes Vertrauen. Sein Rat galt ihr mehr als der der Mutter.

Es war schon drei Jahre her, dass der Bauer vom Randingerhof mit seiner Frau einen tödlichen Autounfall hatte. Es war an einem Wintertag bei heftigem Schneetreiben geschehen, dass die beiden an einem unbeschrankten Bahnübergang vom Zug erfasst wurden. Beide waren auf der Stelle tot gewesen. Das Unglück hielt für längere Zeit das ganze Dorf in großer Aufregung.

Die Hinterbliebenen waren zwei Söhne, beide bereits mündig, der ältere Achim und der jüngere Guido. Beide hatten auf dem elterlichen Anwesen gearbeitet. Nach dem Tod der Eltern nahm Guido den Hof für sich in Anspruch; als der jüngste Sohn pochte er auf das ungeschriebene Gesetz der Erbnachfolge, das im Emmental jeweils dem jüngsten Sohn den Hof zusprach. Achim begnügte sich mit dem ihm zustehenden Anteil, wenigstens zunächst, aber die Einschätzung des Wertes war bei beiden Brüdern verschieden. So kam es, dass sie in einen Erbschaftsstreit gerieten, der immer schlimmere Formen annahm und sie sich schließlich in Feindschaft trennten und einen Prozess gegeneinander führten.

Achim verließ den Ort und suchte sich anderswo Arbeit. Somit war Guido Randinger zum Bauern des Hofes geworden.

Der Randingerhof galt als eines der bestsituierten Anwesen des Ortes. Er lag etwas abseits vom Dorf, so dass man keinen direkten Einblick hatte. Die Kühe wurden von einem Stallmeister betreut. Außerdem war noch eine ältere Hausangestellte da und ein jüngerer Knecht. Zur Arbeit wurden die modernsten Maschinen eingesetzt, wodurch sich weitere Arbeitskräfte erübrigten.

Vom Streit zwischen den beiden Brüdern hörte man so gut wie nichts. Achim war nicht mehr daheim und Guido war in bester Laune. Schon seit längerer Zeit war er hinter Dorothee Frey her, an der er Gefallen gefunden hatte. Aber Dorothee gab ihm so selten Gelegenheit, ihr näher zu kommen; denn sie ließ sich selten im Dorf sehen. Und wenn sie zum sonntäglichen Kirchgang von ihrer Höhe herunterkam, dann war meistens die Mutter bei ihr.

Es gab mehrere junge Burschen, die die Köpfe nach der hübschen, blonden Dorothee drehten, ohne Erfolg zu haben. Der junge Randinger aber ging aufs Ganze.

Er stellte sich tatsächlich am Sonntag darauf bei Martha vor, sprach klar und unmissverständlich von seinen Heiratsabsichten und wunderte sich über die abweisende Haltung der Mutter, schon deshalb, weil er einen schönen landwirtschaftlichen Besitz in die Waagschale werfen konnte. Jedes andere Mädchen hätte seinen Antrag mit Freuden angenommen.

»Bevor es zu einem solchen Versprechen kommen kann, müsst ihr euch erst einmal besser kennen lernen«, meinte die Mutter kühl. »Außerdem brauche ich die Dorothee daheim, solange der Simon beim Militär ist. Wer soll die Imkerei betreiben?«

Der Randinger ging gern auf diese Bedingungen ein und nur widerwillig ließ sie schließlich die beiden zusammen weggehen, um einen Spaziergang zu machen.

Guido Randinger benutzte die Gelegenheit dazu, das Mädchen mit auf seinen Hof zu nehmen und ihm alles zu zeigen.

Hilde, die Hausangestellte, erhielt den Auftrag, für einen guten Kaffee zu sorgen, während er seinen Gast herumführte und mit Besitzerstolz seine Reichtümer in Stall und Scheune vorzeigte.

»Es fehlt nur noch die Bäuerin«, sagte er.

Sie antwortete nicht, ließ es sich aber gefallen, als er ihre Hand ergriff.

»Dass deine Mutter dagegen ist, damit habe ich gerechnet; sie denkt an ihre eigene unglückliche Ehe und meint, alle Männer seien charakterlos.«

Sie wurde rot im Gesicht, als schäme sie sich für den Vater.

»Wo hält dein Vater sich überhaupt auf?«

Sie zuckte die Schulter. »Wahrscheinlich irgendwo im Ausland, vielleicht in Italien oder in Österreich, oder auch in Deutschland.«

»Er lässt überhaupt nichts von sich hören? Er kümmert sich nicht einmal mehr um seine Kinder?«

»Nein.«

»Arme Dorothee!«

»Bitte, reden wir über etwas anderes!«

»Entschuldige! Wie gefällt dir der Randingerhof?«

»Gut.«

»Das ist die Hauptsache.«

Sie standen jetzt hinter dem Haus, ein eingezäunter Obstgarten versperrte die Aussicht in die Ferne. Daneben weidete das Vieh, eine stattliche Herde.

»Als Bäuerin würde ich dich wahrscheinlich enttäuschen, Guido! Ich habe diese Arbeit nicht gelernt.«

»Was gibt es da schon zu lernen? Einen Haushalt kannst wohl führen, alles andere wird von mir und den Angestellten getan. Außerdem hast du auch noch die Hilde zur Hand.«

»Wo ist überhaupt dein Bruder, der Achim?«

»Ihm hat es daheim nicht mehr gefallen, darum hat er sich sein Erbteil ausbezahlen lassen und ist davongegangen. Er hat gesagt, dass er bei mir nicht einen Knecht machen will. Wie das halt so ist. Der Vater hätte sowieso bald übergeben und es war von Anfang an bestimmt, dass ich den Hof zu übernehmen hätte. Es ist halt immer eine gewisse Eifersucht da.«

»Aber ihr habt doch keine Feindschaft?«

»Nein, das nicht. Der Achim hat bekommen, was ihm zusteht.«

»Wo hält er sich denn auf?«

»Beim Bauern vom Sturz, mit dem wir entfernt verwandt sind. Es ist sicher besser so.«

In dem Augenblick kam die Hausangestellte um die Ecke und bat die beiden in die Stube, wo sie den Kaffeetisch gedeckt hatte.

Dorothee wollte dankend ablehnen.

»Du musst mit hineinkommen, anders lasse ich dich nicht fort!«, beharrte der junge Bauer.

»Nur unter der Bedingung, dass die Hilde dabei ist!«, scherzte sie.

»Einverstanden!«, lachte er etwas enttäuscht. »Fürchtest du dich vor dem Alleinsein mit mir?«

Anstelle einer Antwort senkte Dorothee verlegen den Kopf.

Martha war nach wie vor gegen Dorothees Beziehung zu Guido, ohne zu ahnen, dass Dorothee bereits zur Heirat entschlossen war und sich im Stillen darauf vorbereitete. Sie traf sich weiterhin mit dem Randinger, wenn auch ohne Wissen der Mutter und in der Hoffnung, dass ihr Bruder sie unterstützen würde.

»Ich hab mich umgehört im Dorf, der junge Randinger hat nicht gerade den besten Ruf«, sagte eines Tages die Mutter. »Er soll jähzornig sein und ein verschwenderisches Leben führen. Seinen Bruder hat er um den gerechten Erbanteil betrogen und ihn auf eine ganz billige Weise abgefertigt. Es soll zwischen den Brüdern sogar ein Prozess laufen und eine tiefe Feindschaft herrschen!«

»Ich habe etwas anderes gehört, Mutter«, widersprach Dorothee gereizt. »Es gibt gehässige Menschen in jedem Ort, die nur darauf aus sind, andere Leute schlecht zu machen und um ihren guten Ruf zu bringen. Natürlich gibt es genug Mädchen, die darauf spekuliert haben, als Bäuerin in den Randingerhof zu kommen. Aber Guido lässt sich nicht manipulieren. Er heiratet nur das Mädchen, das er liebt! Daher der Neid!«

»Und du glaubst wirklich, dass du dieses Mädchen bist?«

»Jawohl, das glaube ich, Mutter!«

»Ich bin dagegen und basta! Du bist mir zu schade für einen Mann, dem man solche Dinge nachsagt!«

»Du bist ungerecht, Mutter!«

»Ich will dich nur vor einem Unglück bewahren!«

»Nein, du willst nur verhindern, dass ich heirate, weil du glaubst, ich werde die gleiche Enttäuschung erleben wie du!«

»Wer nicht hören will, muss fühlen! Es tut mir Leid um dich, Dorothee. Wenn du den Randinger wirklich heiraten solltest, tust du es gegen meinen Willen und ich will später keine Klagen hören!«

Dorothee verließ die Stube und ging in die Küche, um das Geschirr abzuwaschen. Durch das Fenster fielen die goldenen Strahlen der Abendsonne herein und spiegelten sich an den Wänden. In den Augen des Mädchens schimmerten Tränen, im Gesicht standen Auflehnung und Trotz. Wie ungerecht die Mutter doch war! Zum ersten Mal drängte sich ihr die Frage auf, ob nicht auch die Mutter einen Teil der Schuld daran hatte, dass ihre Ehe zerbrochen war.

Die Härte und Verbitterung der Mutter empfand sie plötzlich in einer ganz anderen Weise als bisher. Sie glaubte an die Liebe und Aufrichtigkeit Guidos, sie liebte ihn und sah in der Weigerung der Mutter nur eine krankhafte Abneigung gegen das männliche Geschlecht.

Während sie das Geschirr spülte und die Küche aufräumte, kam die Mutter zur Tür herein. Ihr Gesicht war um einen Schein bleicher und kantiger, die dunklen Augen flackerten.

»Versprich mir, dass du mit dem Randinger aufhörst!«, kam es im Befehlston von der Tür her.

Dorothee wandte sich nicht nach ihr um. »Ich kann dir nur versprechen, mir alles gründlich zu überlegen und die Heimkehr von Simon abzuwarten, bevor ich die nächsten Schritte mache.«

»Die allgemeine Meinung über den Randinger interessiert dich also nicht?«

»Nein. Auf Geschwätz gebe ich nichts.«

Dorothee machte die Küche fertig. Am Himmel erlosch das Abendrot, es wurde dämmrig vor dem Fenster.

Wenn Dorothee sich mit dem Randinger traf, geschah es nur noch heimlich. Sie wählten Plätze, wo sie von niemandem gesehen werden konnten. Das war droben in den dunkelgrünen Wäldern, wo es viele verborgene Wege gab. Dort konnten sie ungestört über ihre gemeinsame Zukunft sprechen. Vor allem mussten sie jetzt warten, bis Simon aus dem Militärdienst entlassen würde. Inzwischen gab es viel zu tun, die Bauern brachten die Ernte ein, Dorothee schleuderte und verkaufte den Honig. Es war heuer ein ausgezeichnetes Imkerjahr. Man konnte zufrieden sein.

Mutter und Tochter machten sich darüber Gedanken, dass Simon den Urlaub nicht mehr zu Hause verbrachte. Er schrieb hin und wieder einen kurzen Brief und hatte immer wieder eine andere Ausrede für sein Ausbleiben.

»Es gibt eigentlich nur zwei Gründe, die ihn dort festhalten«, sagte Dorothee eines Tages, als gerade wieder ein Brief mit Entschuldigungen gekommen war.

»Und welche Gründe können das sein?«, fragte die Mutter.

»Entweder ist ihm die Fahrkarte zu teuer …«

»Oder?«

»Oder er ist an ein Mädchen geraten, mit dem er das Wochenende lieber verbringt als daheim mit uns.«

»Das glaube ich nicht, weil der Simon nicht den Kopf verliert und die Dinge so sieht, wie sie wirklich sind«, widersprach die Mutter. »Was will er denn mit einem Mädchen anfangen?«

»Als Imker ist er jedenfalls in der Lage, eine Familie zu gründen und zu ernähren!«

»Und was ist mit uns?«, fragte Martha missmutig. »Ich habe getan, was in meinen Kräften stand, um uns vor Not und Elend zu schützen. Von eurem Vater bekam ich keine Unterstützung.«

»Aber du hättest ihn gerichtlich dazu auffordern können!«, erwiderte Dorothee. »Dass du das unterlassen hast, war ein großes Unrecht nicht nur gegen uns, die Kinder, sondern auch gegen dich selbst!«

»Du hast gut reden! Ich wusste doch nicht einmal, wo er sich aufhält. Ich weiß nicht einmal, ob er noch lebt. Und außerdem war ich zu stolz dazu, ihn durch gerichtliche Entscheidungen zum Unterhalt zu zwingen!«

»Dann war zwischen euch von Anfang an keine Liebe!«, sagte Dorothee bitter.

»Ich habe an diese Liebe geglaubt und als ich mich in meinen Erwartungen betrogen sah, schlug sie in Hass um. Es ist so, auch wenn du es nicht begreifen kannst. Jetzt sorge ich mich um dich, damit du nicht auch in eine solche Notlage gerätst und dein ganzes Leben einem verlogenen Versprechen opferst; denn dazu sind wir nicht geboren!«

»Hat Vater nie mehr von sich hören lassen? Er muss doch einmal geschrieben haben!«

»Nein!«

»Wie soll man das glauben können?«

»Du kennst die Männer nicht.«

Die Natur begann sich herbstlich zu färben. Dennoch gab es noch sonnige und warme Tage, aber in den Nächten fiel Nebel ein, der sich erst in den Vormittagsstunden auflöste.

An einem dieser Tage kehrte Simon Frey von seinem Militärdienst zurück. Er traf ein, als es bereits dunkel war. Dorothee war noch einmal bei den Bienen gewesen, jetzt saßen die beiden Frauen im Stübchen und verbrachten ihren Feierabend mit Handarbeiten.

Plötzlich stand Simon vor ihnen, die Uniform mit einem Blumensträußchen geschmückt. Mit heiteren Worten begrüßte er Mutter und Schwester.

»Dass du nicht geschrieben und deine Heimkehr angekündigt hast«, sagte die Mutter nicht ohne Vorwurf.

»Ich habe geschrieben, aber die Post scheint langsamer als ich zu sein.«

»Wir hätten sonst wenigstens einen kleinen Willkommensgruß vorbereitet!«

»Vielleicht mit einem Kranz an der Tür: Herzlich willkommen?«, scherzte er.

»Wenigstens hätten wir etwas Ordentliches zu essen hergerichtet.«

»Ich bin nicht sehr hungrig, Mutter!«

Martha wandte sich an ihre Tochter: »Geh in die Küche und mach wenigstens ein einfaches Abendessen.«

Dorothee ging sogleich hinaus.

»Dass du die ganze Zeit nicht mehr daheim warst, welchen Grund hatte das?«, fragte die Mutter.

»Mein Stubenkamerad hat mich eingeladen. Peter Schirmer heißt er und kommt aus einer netten Familie. Sein Vater ist ein kleiner Beamter. Ich habe den Peter eingeladen, er wird uns bald einmal besuchen.«

»Wahrscheinlich hat er eine Schwester?«, fragte sie lauernd.

»Ja.«

»Ich habe den Verdacht, dass du nicht so sehr wegen deinem Freund als vielmehr wegen seiner Schwester lieber zu diesen Leuten gefahren bist als heim zu deiner Mutter!«

Er verzog lächelnd den Mund und war um die Antwort verlegen. »Ich rede von Freundschaft und du denkst gleich an eine Liebschaft, Mutter!«, sagte er.

»Weil du jetzt im dümmsten Alter bist, genau wie deine Schwester!«

Er schaute auf. »Soll das heißen, dass die Dorothee Liebeskummer hat?«, lachte er.

»Ich hoffe, dass sie über diesen Kummer hinwegkommt. Der Randinger ist hinter ihr her und das dumme Ding bildet sich ein, sie könnte gar noch Hofbäuerin werden!«

»Warum nicht, Mutter? Die Dorothee ist ein hübsches Mädchen, in das sich die Männer schon verlieben können.«

»Sie würde in ihr Unglück rennen! Brauchst nur hinzuhorchen, was die Leute vom Randinger Guido halten. Den Achim hat er sich vom Hals geschafft und das Anwesen einfach an sich genommen.«

»Der Guido ist der Jüngere von den beiden, darum steht ihm der Hof zu.«

»Ich dulde diese Heirat nicht!«, sagte sie hart.

»Aber du wirst sie nicht verhindern können, Mutter.«

»So redest du? So unvernünftig! Und ich hatte

gehofft, dass du mich unterstützen würdest!«, schmollte sie.

»Sie wird auf mich so wenig hören wie auf dich.«

Damit war die erste Unterredung zu Ende. Dorothee brachte das Essen und der Heimkehrer machte sich mit gutem Appetit darüber her. Man sprach jetzt über die Imkerei und Simon erzählte schließlich seine Erlebnisse beim Militär. Es wurde spät, bis man sich an diesem Abend zur Ruhe begab.

Dorothee und Simon gingen zusammen hinauf in ihre Schlafkammern.

»Ich bin so froh, dass du wieder da bist!«, sagte sie.

»Ich weiß, Dorothee, wenn jetzt die Bienenvölker für den Winter eingefüttert werden müssen, gibt es eine Menge Arbeit. Wie viele neue Völker sind denn dazugekommen?«

»Sechzehn Schwärme habe ich über den Sommer einfangen können. Es sind jetzt über dreihundert Völker.«

Er staunte. »Und wahrscheinlich war ein gutes Bienenjahr?«

»Ganz ausgezeichnet! – Aber darum allein geht es nicht, Simon; es ist etwas dazugekommen, worüber nur das Gefühl entscheiden kann. Aber du weißt, die Mutter hat dafür kein Verständnis.«

»Wenn ich dich richtig verstehe, hast du dich verliebt?«, fragte er lachend.

Sie errötete. »Hat sie dir schon etwas erzählt?«

Er nickte. »Sie macht sich große Sorgen um dich und fürchtet, du könntest dich in ein großes Unglück stürzen.«

Sie machte eine unwillige Bewegung. »Ist es denn ein Unglück, wenn zwei Menschen, die sich lieben, heiraten?«

»Für unsere Eltern war es in der Tat ein Unglück«, sagte er hart.

»Dann haben sie sich eben nicht geliebt und hätten sich nie heiraten dürfen.«

»Du meinst, unser Vater hat die Mutter nicht geliebt?«, fragte er.

»Es kann auch umgekehrt gewesen sein.«

»Aber es war doch der Vater, der seine Frau und seine Kinder verlassen hat!«

»Wir kennen die Gründe nicht und werden sie auch nie erfahren.«

»Er hätte bestimmt Mittel und Wege gefunden, wenn er hätte zurückkommen wollen. Aber er hat sich nicht einmal mehr um uns gekümmert, Dorothee, vergiss das nicht!«

»Sind wir deshalb dazu verurteilt, jedem Menschen, der uns anzieht, zu misstrauen? Ihn von Anfang an für einen Schuft zu halten?«

Sie ließen sich beide auf das Bett in Simons Kammer nieder. Er machte ein nachdenkliches Gesicht.

Sie merkte es und beobachtete ihn besorgt. »Hast du etwas gegen den Guido?«

Er schüttelte den Kopf. »Dazu kenne ich ihn zu wenig.«

»Die Mutter wird dir sagen, dass er sich mit

Gewalt in den Besitz des Hofes gebracht hat, dass sein Bruder von ihm betrogen worden ist, nachdem die Eltern damals so unglücklich ums Leben gekommen sind. Aber ich bin überzeugt, dass sie gegen jeden Mann etwas einzuwenden hätte, der mich heiraten will.«

Er sagte nichts darauf, sondern blickte nur nachdenklich vor sich hin.

Es verging eine ganze Weile des Schweigens.

»Warum sagst du nichts?«, fragte sie.

»Ich überlege, ob du überhaupt glücklich werden könntest als Bäuerin. Es wäre eine riesige Umstellung für dich!«

»Ach, da hätte ich keine Angst. Haushalt habe ich gelernt, für die landwirtschaftliche Arbeit sind Maschinen und auch Angestellte da. Die Hauptsache ist doch, dass zwei Menschen sich lieben!«

Er schaute sie verwundert an. »Bist du denn so fest von seiner Liebe überzeugt?«

»Ja.«

»Man hat die Randingers nie für friedliche Leute gehalten; sie hatten immer mit irgendjemandem Streit.«

»Der alte Randinger vielleicht.«

»Der Apfel fällt nicht weit vom Stamm!«

»Jetzt redest du wie die Mutter!«

»Nein, Dorothee, ich will dir nicht abraten und auch nicht zureden. Wenn du glaubst, dass der Guido der richtige Mann für dich ist, dann folge deinem Gefühl. Ich fürchte nur, dass du ihn zu wenig kennst.«

»Ohne Vertrauen gibt es keine glückliche Ehe. Ich weiß genau, was die Mutter will. Wir sollen beide als ledige Geschwister zusammenbleiben. Nur nicht heiraten!«

Er erhob sich. »Nun bin ich ja wieder daheim und wir können oft über diese Dinge sprechen. Ich will nur, dass du glücklich wirst, Dorothee.«

Sie ging aus seiner Kammer. »Ich bin so froh, dass du wieder da bist! Schlaf gut, Simon!«

Auf einen schönen, trockenen Sommer folgte ein ebensolcher Herbst. Die beiden Geschwister gingen fleißig ihrer Arbeit nach und trafen bereits die Vorkehrungen für die kalte Jahreszeit, die plötzlich einbrechen konnte.

Simon hatte sich nie um die Leute vom Randingerhof gekümmert, wie er sich überhaupt seit dem Ende seiner Schulzeit vom Dorf und seinen Bewohnern mehr und mehr zurückgezogen hatte. Als Imker hatte er kaum etwas mit ihnen zu tun. Höchstens, dass er sich hin und wieder mit seinen Schulkameraden traf.

Jetzt aber interessierte ihn alles, was die Leute über den Randinger sagten, und sollte auch nur die Hälfte davon der Wahrheit entsprechen, sah es mit seinem Leumund nicht sonderlich gut aus. Jedenfalls dürfte jede Frau es sich überlegen, ihm die Hand fürs Leben zu reichen. Er wurde als grober und gewalttätiger Mensch geschildert. Er hatte Zeiten, wo er weder von der Arbeit noch vom Hof etwas wissen wollte und einfach davonfuhr, um für einige Tage den Lebemann zu spielen. Die paar Angestellten, die er hatte, hielten ihm bloß deshalb die Treue, weil er sie überdurchschnittlich bezahlte.

Selbstverständlich machte Simon sich schwere Sorgen um die Schwester, nachdem ihm solche Dinge zu Ohren gekommen waren. Als die beiden Geschwister die Bienenhäuser mit Stroh abdichteten, damit kein kalter Nordwind im Winter eindringen könnte, benutzte Simon die Gelegenheit, seine Schwester auf diese Missstände im Randingerhof hinzuweisen und ihr den Rat zu geben, ihre Absicht noch einmal gründlich zu überdenken.

Aber Dorothee blieb entschlossen. Trotzig schüttelte sie den Kopf. »Sag doch die Wahrheit, Simon: Die Mutter hat dich beauftragt, mir diese Heirat auszureden. Sie kann den Guido nicht leiden und will mit allen Mitteln unsere Heirat verhindern.«

»Nein, Dorothee, ich habe mich selbst umgehört unter den Leuten und es ist nicht gerade verlockend, was ich über den Guido erfahren habe.«

»Ich kenne ihn besser und ich liebe ihn. Auf die Gerüchte der Dorfleute gebe ich nichts; sie sind alle nur erfunden und erlogen!«

»Es sollte mich freuen, wenn du Recht hättest.«

Sie kam jetzt auf ihn zu und schaute ihn durch das Gesichtsschutznetz mit großen und ernsten Augen an.

»Simon, du musst mich doch besser verstehen als die Mutter in ihrem Hass auf alle Männer! Wir kennen nicht den wirklichen Grund, der zur Trennung unserer Eltern geführt hat. Die Mutter spricht nur immer von der Unzufriedenheit und Verantwortungslosigkeit des Vaters. Aber ich glaube nicht, dass er einfach aus einer bloßen Laune heraus davongelaufen ist, ohne sich noch einmal um seine Kinder zu kümmern. Daran lässt sich nun nichts mehr ändern, aber es darf uns nicht zu Menschenfeinden machen. Du bist in letzter Zeit nie mehr auf Urlaub heimgekommen und hast diese freien Tage bei deinem Kameraden verbracht. Ich habe nicht daran geglaubt und mir gesagt, dass es bestimmt ein Mädchen ist, das dich aufgehalten hat. Aber ich habe mich darüber gefreut, dass auch du weißt, was Liebe ist. Und jetzt bin ich überrascht, dass du mir nicht hilfst gegen die Mutter und sogar selbst dagegen bist.«

»Ich will nur, dass du einmal glücklich wirst, Dorothee!«

»Glücklich kann ein Mensch nur werden, wenn er sich mit einem Partner verbindet, den er wirklich liebt und von dem er in gleicher Weise geliebt wird.«

»Du liebst den Randinger, ja?«

»Ja, ich liebe ihn.«

Er nahm jetzt seine Arbeit wieder auf. »Du hattest so selten Gelegenheit, einen jungen Mann kennen zu lernen. Es war vielleicht ein Zufall, dass du gerade an den Randinger geraten bist, sonst wäre es ein anderer gewesen, in den du dich verliebt hättest.«

»Du hast aber eine komische Meinung von der Liebe!«, meinte sie. »Aber es ist ja kein Wunder, wenn man nie etwas anderes gehört hat als von Untreue und Betrug! Lassen wir das, Simon. Ich werde meinen Weg gehen. Nur hätte ich mich gefreut, wenn ich wenigstens von dir unterstützt worden wäre. Dass die Mutter dagegen ist, wusste ich von Anfang an. Ihre Ablehnung gilt nicht nur dem Randinger, sondern jedem Mann. Sie will nicht, dass ich heirate, aber ich werde es gegen ihren Willen tun.«

Der Zufall wollte es, dass Simon wenige Tage später mit dem Randinger in Burgdorf zusammentraf.

Er hatte dort geschäftlich zu tun, und ehe er heimfuhr, kehrte er in ein Gasthaus an der Hauptstraße ein.

Er saß noch keine fünf Minuten in dem gut besuchten Lokal und hatte eben der Bedienung seine Bestellung aufgegeben, da stand Guido vor ihm und begrüßte ihn herzlich. Er musste an einem anderen Tisch gesessen haben und auf Simon aufmerksam geworden sein, als er das Lokal betrat.

Freundlich bot er ihm die Hand und hieß ihn willkommen zu Hause. »Wirst froh sein, dass du deine Militärzeit hinter dich gebracht hast!«

»Ich sehne mich nicht danach zurück.«

»Hast auch in Burgdorf zu tun gehabt?«

»Ja.«

»Schon fertig mit den Geschäften?«

»Ziemlich.«

»Kann ich mich zu dir setzen?«

»Gern.«

Guido holte sein Glas und setzte sich zu Simon. »Es trifft sich nämlich grad recht gut, ich hätte dringend mit dir zu reden«, sagte er.

»Ich kann mich nicht daran erinnern, dass wir schon einmal etwas miteinander zu tun gehabt hätten«, meinte Simon Frey.

Guido stieß einen Seufzer aus. »Es handelt sich um deine Schwester.«

»Und?«

»Hat sie noch nichts zu dir gesagt? Ich möchte sie heiraten. Das ist nicht von heute auf morgen gekommen, Simon! Schon seit einem Jahr bringe ich sie nicht mehr aus dem Kopf. Und jetzt weiß ich endlich, dass auch sie mich liebt.«

»Ich misch mich nicht gern in die Angelegenheiten meiner Schwester, Guido«, sagte Simon ruhig.

»Aber eure Mutter ist dagegen. Sie kann mich aus irgendeinem Grund nicht leiden. Ich lebe mit allen Menschen in Frieden, meine Angestellten habe ich schon seit mehreren Jahren, es gefällt ihnen also gut auf dem Randingerhof. Mein Anwesen gehört zu den schönsten im Dorf, wenn es nicht überhaupt das schönste ist. Ich kann dir in den Wirtschaftsbüchern zeigen, welcher Jahresgewinn verbucht werden kann.«

»Unsere Mutter wird sich eben sagen, dass die

Dorothee keine Bäuerin ist und nichts von der Landwirtschaft versteht. Deshalb, meine ich, ist sie gegen eine Heirat.«

»Ich habe immer betont, dass die Dorothee nur für den Haushalt da ist, und davon versteht sie mehr als manch anderes Mädchen. In die Landwirtschaft wird sie sich mit der Zeit einleben und auch darin viele andere Bäuerinnen übertreffen. Davon bin ich überzeugt. Wir lieben uns, Simon! Bitte, versuch du, eure Mutter zu überreden. Die Dorothee und ich haben uns bereits das Heiratsversprechen gegeben, aber es wäre uns lieber, wenn die Heirat mit dem Segen eurer Mutter stattfinden könnte.«

Simon schaute eine Weile nachdenklich vor sich hin. »Du weißt, zu welcher bitteren Enttäuschung die Ehe meiner Mutter geworden ist. Darum ist sie so misstrauisch und ablehnend«, sagte er schließlich. »Man muss sie verstehen!«

»Natürlich. Aber sie muss sich doch nicht einbilden, dass die Tochter die gleiche üble Erfahrung macht wie die Mutter! Wenn zwei Menschen sich wirklich verstehen, kann es zu keiner Ehetragödie kommen. Wo kämen wir denn hin, wenn jeder die Ehe für ein Tor zur Hölle halten würde!«

Er lachte belustigt auf, aber es steckte auch etwas von Grobheit und Brutalität darin. Wenigstens glaubte Simon so etwas herauszuhören.

»Selbst kann ich mich nicht mehr an deinen Vater erinnern«, fuhr der Bauer fort. »Aber es wurde lange über die Trennung gesprochen. Man gab zunächst deinem Vater die Schuld, aber später glaubte man nicht mehr so recht daran. Denn einmal hätte dein Vater doch zurückkommen müssen. Ein solcher Mensch wird er doch nicht sein, dass er sich nicht einmal um seine Kinder kümmert!«

Simon gab keine Antwort. Er schaute sich nach der Bedienung um, damit er seine Zeche begleichen und gehen könnte.

»Hab wenigstens du Verständnis für uns! Einmal wird auch dir ein Mädchen über den Weg laufen, das dir dein ganzes Glück bedeutet. Komm doch einmal an einem Abend oder an einem Sonntagnachmittag zu mir auf den Hof!«, bat der Bauer inständig. »Überzeuge auch du dich davon, dass deine Schwester nicht in irgendeine armselige Hütte heiratet, sondern in einen Bauernhof, der sich sehen lassen kann!«

»Ich kenne Bauern, die alle einmal reich waren und als gut situiert galten. Plötzlich standen sie vor dem Bankrott!«, erwiderte Simon. »Kein Bauer ist sicher vor unvorhergesehenen Einbußen, vor Viehseuchen und Missernten. Solange es gut geht und gute Erträge zu verzeichnen sind, stimmt es auch in der Ehe. Aber Not und Entbehrung sind schlimme Feinde des häuslichen Friedens.«

»Du meinst also, dass die zerstörte Ehe deiner Eltern auf Not und Entbehrungen zurückzuführen ist?«

»Das weiß ich nicht. Ich weiß nur, dass die Mitgift, die der Dorothee mitgegeben werden könnte, sehr klein ausfallen würde.«

»Im Randingerhof ist man nicht auf die Mitgift der jungen Bäuerin angewiesen!«, beteuerte Guido fast wütend.

»Man sagt, dass dein Bruder Achim in Feindschaft den Hof verlassen hat!«, forderte Simon ihn jetzt heraus.

Aber der Bauer zeigte keinerlei Verlegenheit. »Leutegeschwätz, von dem nicht einmal die Hälfte wahr ist!«, entgegnete er grimmig und in seinem sonnengebräunten Gesicht trat wieder der brutale Zug in Erscheinung. »Es ist wahr, mein Bruder ging wütend weg. Aber ich habe ihm sein Erbteil bis zum letzten Pfennig bezahlt. Eifersucht und Hass haben ihn übermannt. Er konnte nicht anders, als aus dem Haus zu gehen, weil er bei mir nicht den Knecht machen wollte. Lieber tut er das bei einem fremden Bauern, der ihm sicher nicht so viel Lohn bezahlt, wie ich ihm geboten habe. Aber so sind die Menschen. Es kann nur einer den Hof übernehmen und es ist nicht meine Schuld, dass ich der Jüngere bin!«

»Es tut mir Leid, Guido, aber ich kann meiner Schwester weder zu- noch abraten, ich kenne die Verhältnisse anderer Familien nicht, weil ich mich nie darum gekümmert habe. Ich habe auch keinerlei Einfluss auf unsere Mutter in einer solchen Angelegenheit. Sie ist zu einer misstrauischen, verbitterten Frau geworden, die den Glauben an das Gute im Menschen verloren hat.«

»Dabei übersieht sie, dass sie damit das Unglück nur noch größer macht!«, knurrte nun der Bauer.

»Möglich.«

»Ginge es nach ihrem Willen, brächte sie die Dorothee um ihr ganzes Glück als Frau. Darum bitte ich dich, Simon, halte du zu ihr, wenn sie sich gegen den Willen der Mutter stellt und zur Bäuerin vom Randingerhof wird. Ich kann mir gut vorstellen, wie die Leute im Dorf über mich losziehen, dass sie mich brutal und leichtfertig nennen. Aber aus ihnen spricht nur der blanke Neid. Es passt so vielen Bauerstöchtern nicht, dass ich ausgerechnet deine Schwester gern hab. Vielleicht erinnerst du dich noch daran, was man alles an deiner Familie auszusetzen hatte, als es zwischen eurem Vater und eurer Mutter zu dieser Trennung kam. Es hat lange gedauert, bis die Gerüchte zum Schweigen kamen. Nimm also das Gerede und die Meinung der lieben Mitmenschen nicht zu ernst und gib ihnen nicht so viel Bedeutung.«

Simon rief abermals nach der Bedienung, um seine Zeche zu bezahlen.

»Das überlass mir!«, sagte der Bauer.

»Wie käme ich dazu?«

»Wir werden Schwäger sein, Simon!«

Simon musste es sich gefallen lassen.

Sie verließen das Lokal.

»Wir sind uns also einig?«, sagte der Bauer, als er seinem zukünftigen Schwager zum Abschied die Hand reichte.

»Ich werde einige Bedingungen stellen müssen.«

»Welche?«

»Die muss ich mir erst überlegen.«

Sie trennten sich freundschaftlich und dennoch wurde Simon das Gefühl nicht los, einen Verrat an seinen Grundsätzen begangen zu haben. Er kannte das Temperament und das oft unüberlegte Handeln seiner Schwester, ihren Trotz und ihren Eigensinn. Wenn nun Guido Randinger zu Jähzorn und Brutalität neigte, konnte es dann gut gehen? Oder wiederholte sich das Schicksal der Mutter?

Das Jahr schritt weiter. Die letzten spätherbstlichen Farben in der Natur erloschen und dann fiel der erste Schnee. Still vergingen die Wintermonate im Emmental. Man bahnte sich mit Schneepflügen Verbindungen zu den Nachbardörfern, zu den Haltestellen der Busse, denn man musste ja auch einmal in die Stadt.

Still verliefen die Tage und Wochen im einsamen Haus der Martha Frey. Die Sträucher und Ranken, die im Sommer das Haus verdeckten, waren zu kahlen Ruten geworden, Schnee und Eis hingen über das Dach herab, um die warm verschlossenen Bienenhäuser war Schweigen und Stille. Nur ab und zu rauschte der kalte Nordwind vorbei.

Kalt war es auch im Haus der Martha, obwohl gut geheizt war. Kühl und schweigend begegneten sich die Menschen, seitdem sie sich nichts mehr zu sagen hatten. Dorothee war entschlossen, Guido Randinger zu heiraten und wies alle Bedenken der Mutter zurück.

Martha versuchte, ihren Sohn als Bundesgenossen zu gewinnen und ihn zu veranlassen, sich ebenfalls offen gegen diese Heirat auszusprechen.

Aber Simon hielt sich aus dem Streit zwischen Mutter und Tochter heraus. »Sie ist volljährig und alt genug, um über ihre Zukunft selbst zu bestimmen«, sagte er. »Ich möchte mir später nicht den Vorwurf machen lassen, dass wir sie um ihr Glück gebracht haben. Die Imkerei nehme ich in die Hand. Ich wünsche ihr nur, dass sie eine zufriedene und glückliche Bäuerin werden wird.«

»Sie wird mit dem Randinger nie glücklich werden!«, behauptete die Mutter.

»Das wissen wir nicht. Ist die Liebe echt –«

»Die Liebe!«, fiel die Mutter ihm höhnend ins Wort. Wenn ich bloß dieses Wort höre! Gut, wenn sie ihr Unglück will, soll sie es haben. Ich jedenfalls habe getan, was ich konnte. Wer nicht hören will, muss fühlen. Aber sie soll sich nicht einbilden, dass sie mit ihren Klagen zu mir kommen kann. Nein, nein, sie wird mit allem allein fertig werden müssen!«

»Du bist hart, Mutter!«, sagte er vorwurfsvoll.

»Ich kenne das Leben und die Menschen und es ist meine Pflicht, meine Kinder vor einem Schicksal wie dem meinen zu bewahren.«

»Du siehst zu schwarz, Mutter! Der Randinger steht wirtschaftlich gut da. Wo keine Not ist, gibt es auch keinen Streit. Und die Dorothee behauptet, die Bauernarbeit mache ihr mehr Spaß als die Imkerei. Jeder ist seines Glückes Schmied! Ich kann und darf nicht gegen diese Heirat sein!«

Martha verzog schmollend den Mund und kam nie mehr auf dieses Thema zurück. Schweigend saßen die drei Menschen an den Winterabenden im warmen Stübchen. Dorothee arbeitete mit Bienenfleiß an ihrer Aussteuer, denn sie wollte nicht mit leeren Händen in den Randingerhof einziehen.

Simon hatte immer etwas zu basteln und die Mutter ging früh schlafen.

»Wann soll die Hochzeit sein?«, fragte Simon, als die Mutter mit kurzem Gutnachtgruß die Stube verlassen hatte.

»Gleich nach Ostern. Geht denn der Kampf von neuem los?«, erwiderte Dorothee unwillig.

»Meinetwegen nicht.«

»Es hätte auch keinen Sinn, Simon.«

»Gut. Dann wünsche ich dir alles Gute!«

»Bist du gegen mich, Simon?«

»Wieso?«

»Du bist auf einmal so hart.«

»Wir sind Geschwister, Dorothee, die von Anfang an auf sich selbst angewiesen waren. Wir kennen keinen Vater und sahen die Mutter immer nur in Verbitterung. Weißt du noch, wie wir oft zueinander in die Kammern liefen, bloß um unsere Herzen auszuschütten? Wenn du nun das Haus verlässt, ist es für mich ein herber Verlust. Aber jeder Mensch hat seinen Weg zu gehen. Ich wünsche mir nur, dass du glücklich wirst. Sollte es dir aber einmal schlecht gehen und solltest du Hilfe brauchen, dann denk daran, dass du einen Bruder hast, der zu dir hält!«

Da warf sie ihre Arme um ihn. »Du glaubst doch nicht, was die Leute über Guido reden?«

»Ich will es nicht glauben, aber ich weiß es nicht besser. Du kennst ihn genauer und du liebst ihn.«

Sie drückte ihren Kopf an seine Brust.

»Hör, Dorothee, du liebst den Guido doch?«

»Natürlich liebe ich ihn.«

»Dann wird schon alles gut werden. Ich wünsche es dir!«

In dem langen eintönigen Winter kam Anfang Februar eine freundliche Abwechslung in die stillen Tage der Menschen im Haus über dem Emmental.

Peter Schirmer, der ehemalige Stubenkamerad Simons während der Militärzeit, kam unerwartet zu Besuch. Eigentlich wollte er den Freund nur kurz besuchen, weil er auf einer Urlaubsreise durchs Emmental war.

Aber Simon ließ es nicht zu, dass er am gleichen Tag noch abreiste, und so blieb er einige Tage im Haus, begleitete die Geschwister bei ihrer täglichen Arbeit, denn auch im Winter gab es viel zu tun, um die Bienenvölker unbeschadet über die kalte Jahreszeit zu bringen. Er tauschte mit dem Freund heitere Erinnerungen an die Militärzeit aus und wunderte sich darüber, dass sich die Dorothee so reserviert verhielt, als wäre er für sie Luft.

Simon klärte ihn auf, dass zur Osterzeit ihre Heirat stattfände und zwar gegen den Willen der Mutter.

»Das ist der Grund, dass bei uns so eine ungemütliche Atmosphäre herrscht. Es ist schade, dass du uns so angetroffen hast«, schloss er seinen Bericht.

»Warum ist deine Mutter gegen diese Heirat? Du hast eine hübsche und tüchtige Schwester, Simon! Es hätte mich gewundert, wenn sie noch ohne Verehrer wäre.«

»Ich habe dir doch einmal vom Schicksal unserer Familie erzählt. Unsere Mutter glaubt nicht mehr an das Gute im Menschen. Nun fürchtet sie, Dorothee stürzt sich in ein Unglück.«

Als Peter Schirmer Dorothee allein antraf, die gerade die Kammern reinigte und die Betten schüttelte, streckte er ihr spontan die Hand hin: »Ich gratuliere Ihnen zu Ihrer Verlobung, Dorothee! Ich habe erst jetzt davon erfahren. Ich wünsche Ihnen, dass es Ihnen immer gut im Leben geht wie auch Ihrem Bruder, der zu meinem besten Freund geworden ist!«

Sie schaute ihn fast erschrocken an. »Ich freue mich, dass mein Bruder einen so netten Freund gefunden hat«, entgegnete sie mit wehmütigem Lächeln, das ihr Gesicht noch verschönerte. »Er kann einen guten Freund brauchen, das dürfen Sie mir glauben. Wir hatten keine schöne Jugend.«

Am nächsten Tag reiste Peter Schirmer ab. Er versprach, im Sommer wieder zu kommen, wenn Simon ihn inzwischen brauchen würde. Aber Dorothee glaubte ihm nicht. Es tat ihr weh, als er ging, aber sie zeigte es nicht. Solche Menschen wie diesen Peter gab es nicht allzu häufig und man kann sie nur mehr schwer vergessen.

»Er hat sein Ziel noch nicht ganz erreicht, aber bis zum Gerichtsassistenten hat er es doch schon gebracht«, klärte Simon Mutter und Schwester auf. »Ein Freund, wie man ihn im Leben nicht ein zweites Mal findet! Und wie er, ist seine ganze Familie.«

Der Frühling bedeckte das Emmental mit dem ersten frischen Grün und weckte die frühen Blüten in allen Farben.

Die Osterglocken waren verklungen.

Als der Tag der Hochzeit kam, stieg Dorothee im Brautkleid hinab ins Dorf. Sie wurde von ihrem Bruder begleitet; die Mutter blieb daheim, sie wollte in ihrem Trotz nicht teilnehmen an dieser Trauung, gegen die sie von Anfang an war.

Auf halbem Weg kam den beiden der Bräutigam entgegen; er begrüßte seine Braut und den Bruder mit festem, dankbarem Händedruck.

Es fand nur eine stille Trauung statt und zu so früher Stunde, dass die meisten Dorfbewohner keine Zeit zur Teilnahme fanden. Gerade darauf kam es dem Hochzeitspaar an. Sie verzichteten auf Gäste, von denen es doch keiner ehrlich und gut mit ihnen meinte. Dass nicht einmal die Mutter der Braut dabei war, das ließ viel erraten. Auch

Guido war allein. Sein Bruder war nicht zur Hochzeit gekommen, nur einen Knecht hatte er mitgenommen, damit er einen Trauzeugen mache.

Nach der Trauung ging das Brautpaar gleich zum Randingerhof, um unter sich eine kleine Feier abzuhalten. Hilde hatte dafür gesorgt, dass es ein gutes Mahl gab.

Als Dorothee die große Stube betrat, in der sie nunmehr zu Hause war, brach sie in Tränen aus.

Guido Randinger nahm sie erschrocken in die Arme. »Arme Dorothee! Du weinst? Jetzt, wo unser Glück seinen Anfang nimmt? Was hast du denn auf einmal?«

Aber sie gab keine Antwort.

»Ich verstehe dich schon«, sagte ihr Bruder und näherte sich den beiden. »Wo hat es das schon gegeben, dass die Mutter bei der Trauung ihrer Tochter nicht dabei ist. Es wird sich mit der Zeit alles richten, Dorothee! Du kennst ja unsere Mutter. Schau, ich bin mitgegangen und ich werde immer für dich da sein, wenn du Rat und Hilfe brauchst!«

Dorothee umarmte ihren Bruder dankbar und weinte sich an seiner Brust aus.

Auf dem Randingerhof wurde die Hochzeit als Feiertag begangen. Außer der Stallarbeit, die nicht aufgeschoben werden konnte, ruhte heute jede Tätigkeit. Später kamen dann noch ein paar Schulkameraden Guidos dazu, die er eingeladen hatte. Es wurde noch recht lustig, als die Gesellschaft tief in die Krüge geschaut hatte.

Es ging dem Abend zu und über das Emmental fiel die Dämmerung, als Simon auf dem Heimweg war. Er ging sehr langsam und hatte den Kopf voller unruhiger Gedanken. Auf einmal drängten sich ihm Fragen auf, die von so ungeheurer Tragweite waren, dass es ihm ganz heiß wurde.

Liebte Dorothee überhaupt ihren Mann? Oder hatte sie ihn nur geheiratet, um den unseligen Einflüssen der Mutter zu entkommen? Lagen die Dinge bei Guido ähnlich? Er hatte sich mit seinem Bruder zerstritten, sein Ruf war zweifelhaft, denn man hörte selten Gutes über ihn. Es gab genug Mädchen im Dorf, an die er sich hätte heranmachen können. Wurde er trotz des schönen und wohlbestellten Anwesens zurückgewiesen? Dann hatte das einen Grund!

Was stimmte da nicht?

Es war dunkel, als er daheim ankam, die Mutter war offenbar schon zu Bett gegangen. Er betrat das Stübchen, machte Licht und befreite sich von seinem etwas engen Kragen. Er löste die Schuhe von den Füßen und schlüpfte in seine Pantoffeln.

Fast lautlos ging die Tür. Er wandte sich um und sah sich der Mutter gegenüber. Sie trug einen altmodischen Schlafrock, der noch aus ihrer Mädchenzeit stammen musste, und ihr Gesicht war sehr bleich und von kantigen Konturen.

»Wo bist du denn so lange gewesen?«, fragte sie mit herber Stimme.

»Ich habe mit ihnen auf dem Randingerhof gefeiert.«

»Die Welt feiert noch, wenn sie bereits aus den Fugen fällt!«

»Du hättest bei der Hochzeit nicht wegbleiben dürfen, Mutter, das muss ich schon sagen!«, fuhr er mit harter Stimme fort.

»Hätte ich teilgenommen, wäre es einer Zusage gleichgekommen.«

»Was hat der Randinger dir getan, dass du ihn nicht ausstehen kannst?«

»Ich habe nichts Gutes über ihn gehört.«

»Auf das Urteil der Leute kann man sich nicht verlassen. Ich hoffe, dass es gut gehen wird, und sie kann immer auf meinen Rat und meine Hilfe zählen. Dein Verhalten, Mutter, war ein großes Unrecht. Ich kann es einfach nicht verstehen!«

Sie schaute ihn mit flackernden Augen an. »Sie hat so viel von ihrem Vater, der ist auch mit dem Kopf durch die Wand. Soll ich alte Frau auch die Sorge um das Wohlergehen meiner Kinder auf mich nehmen? Man hat mir vorgeworfen, ich würde meinen Kindern keinen freien Willen lassen. Nun hat sie geerntet, was sie selbst gesät hat. Ich habe keine Verantwortung mehr.«

Er runzelte die Stirn und schaute plötzlich böse drein. »Ich mache mir auch meine Gedanken, Mutter. Sollte es ihr auf dem Randingerhof schlecht gehen, wer hat die Schuld?«

»Sie selbst, weil sie sich nichts sagen ließ!«

»Nein, Mutter! Die Schuld hast du! Jede Freundschaft hast du verhindert, jede Ehe als ein Übel dargestellt! In einer solchen Enge fühlt sich kein Mensch wohl. Darum bricht er aus und will frei sein!«

Laut fiel die Tür ins Schloss, Martha war davongegangen.

Zunächst war alles ganz gut. Die Tage verstrichen bei emsiger Arbeit auf Feld und Wiesen, denn es war jetzt die Zeit, wo die Saat unter die Erde gebracht wurde und das Gras scheu und grün heranwuchs und gedüngt werden musste. Das alles geschah mit modernen Maschinen, kein Mensch musste sich mehr abschinden.

Dorothee hatte es noch nie so schön gehabt wie jetzt. Sie besorgte den Haushalt, bereitete die Mahlzeiten und hatte sich eigentlich um nichts anderes zu kümmern. Obendrein stand ihr auch noch Hilde zur Verfügung, der sie jede Arbeit auftragen konnte, zu der sie selbst nicht kam oder die gerade nicht nach ihrem Geschmack war.

Mit dem Fortschritt des Jahres und des Wachstums auf Feldern und Wiesen mehrte sich die Arbeit. Auf einmal musste Hilde mit hinaus und die junge Bäuerin hatte mit der Arbeit in Haus und Küche allein fertig zu werden.

Dorothee fand das ganz selbstverständlich. Sie freute sich sogar, als man ihr das ganze Hauswesen anvertraute. Immer zur gleichen Stunde wurde das Vieh ausgelassen und zur Weide getrieben. Es war eine stattliche Herde, ein Stück schöner als das andere.

Daher also der allgemeine Neid!

Manchmal wünschte sie, dass ihre Mutter neben ihr stünde, damit sie ihr den Wohlstand des Randingerhofes zeigen könne. Wie gern hätte sie ihr von dem Glück erzählt, das sie vom Tag ihrer Hochzeit an empfand.

Aber die Mutter hatte sie wie ein trotziges, verlorenes Kind aus dem Haus gehen lassen, ohne sich von ihr zu verabschieden.

Warum nur war sie gegen die Heirat gewesen? War es nicht herrlich, dass sie im Emmental bleiben konnte, in ihrer Heimat, die sie so sehr liebte?

Sie wartete jeden Sonntag darauf, dass ihr Bruder sie besuchen würde, um Einblick zu nehmen in ihre Arbeit, in ihre neue Welt, in ihr Glück.

Aber Simon kam nicht. Vielleicht fürchtete er, Guido könnte darin ein Misstrauen sehen. Er wollte warten, bis einige Zeit vergangen war.

Als dann das Heuen begann, die Tage länger waren und die Arbeit auf dem Hof härter wurde, ging auch Dorothee für einige Stunden hinaus auf Wiese und Feld, um mitzuhelfen, soweit sie es vermochte. Sie wollte diese Arbeit lernen. Aber man nahm sie nicht besonders ernst.

Dann fing es auf einmal an. Was sie nie und nimmer erwartet hatte, traf ein, und zwar wie ein Blitz aus heiterem Himmel. Als Guido in der Stadt zu tun hatte, blieb er drei Tage und Nächte aus, ohne ihr zuvor etwas gesagt zu haben. Sie bemerkte, dass Hilde ihr häufig Blicke des Bedauerns, ja sogar des Mitleids nachschickte. Die beiden Frauen kamen sehr gut miteinander aus, nur fürchtete Hilde sich davor, ihr die volle Wahrheit zu sagen.

Dorothee hatte längst das Gefühl, in diesem Haus von unmittelbaren Feinden umgeben zu sein, aber sie ahnte nicht, dass dieser Feind in erster Linie ihr eigener Mann war. Es fiel ihr lediglich auf, dass sie nie eigenes Geld und zur Kasse keinen Zutritt hatte, um selbst einen Einblick in den Stand der Wirtschaft zu bekommen. Um Geld, das sie benötigte, musste sie ihren Mann jedes Mal bitten. Am Anfang machte er ihr keine Schwierigkeiten, aber nach und nach wollte er genau wissen, wozu sie das Geld brauchte und ob diese Ausgabe auch wirklich nötig war.

Sie glaubte plötzlich, in ihm einen anderen Menschen zu erkennen als den, den sie liebte, einen Menschen, der Geheimnisse vor ihr hatte, der sich mehr und mehr von ihr zurückzog, als wäre sie nur ein Gegenstand, der kaum mehr reizte, seitdem man ihn besaß.

»Willst du mir irgendetwas sagen, Hilde, weil du mich so sonderbar ansiehst?«, fragte sie ganz unvermittelt.

Hilde wurde etwas verlegen und schüttelte den Kopf.

»Wie lange bist du schon auf dem Randingerhof?«

»Schon mehr als zwanzig Jahre.«

»Erzähl mir doch etwas davon, wie es früher hier war. Wie kamen die alten Randingers mit ihren Söhnen aus und wie die beiden Brüder miteinander? Ich weiß darüber nur wenig, weil ich mich kaum darum gekümmert habe. Heute aber sehe ich, dass ich es hätte tun müssen.«

Dorothee bemerkte den verlegenen, fast furchtsamen Blick der Hausangestellten.

»Du weißt aber doch, was im Dorf darüber geredet wird.«

»Heißt das, dass die Leute die Wahrheit sagen?«

»Ich weiß nicht, was du meinst, Bäuerin.«

»Man hat doch gesagt, dass die Brüder in Streit und Feindschaft auseinander gegangen sind. Dass Achim sich betrogen fühlte in seinem Erbe.«

»Das kann schon sein. Sie führen sogar einen Prozess, der schon sehr viel Geld verschlungen hat. Da wird es darauf ankommen, wer den längeren Atem hat. Es war nämlich kein Testament da.«

»Hat der Achim sich nie mehr sehen lassen?«

»Doch, ein paar Mal war er da.«

»Und? Haben die Brüder sich nicht versöhnt?«

»Nein.«

»Was wird daraus werden, Hilde?«

Hilde zuckte die Schulter.

»Du kennst sie beide. Möchtest du mir nicht sagen, was du davon hältst?«, drang Dorothee in sie.

»Ich bin nur ein Dienstbote und habe nichts zu sagen«, war die ausweichende Antwort.

»Wenn ich dich aber sehr darum bitte?«

»Ich sehe, du hast Angst, Bäuerin«, ging die Hausangestellte endlich aus sich heraus. »Du siehst, dass der Bauer ein anderer ist, als er sich dir im Allgemeinen gezeigt hat. Es tut mir Leid um dich Bäuerin, denn du bist gut und meinst es ehrlich. Ich habe mich nicht getraut, dich vor dieser Heirat zu warnen. Außerdem hättest du mir nicht geglaubt.«

Dorothee warf ihr einen erschrockenen Blick zu. »Um Gottes willen, Hilde! Was redest du da?«

»Du willst doch, dass ich die Wahrheit sage, Bäuerin! Ich habe zu viel Achtung vor dir, um dir etwas Falsches zu sagen. Bevor er mit dir angebandelt hat, hatte er bereits einige Anwärterinnen, aber sie haben alle wieder ihr Wort zurückgenommen und das Verhältnis gelöst.«

»Warum?«

»Das weiß ich nicht genau. Vielleicht war der Grund der Ruf, den der Bauer hat. Die Leute reden nicht gut über ihn.«

»Es ist nicht alles wahr, was die Leute sagen, auf alle Fälle wird meistens sehr übertrieben! Ich hatte bis jetzt keinen Grund, mich über den Bauern zu beklagen.«

»Dann trag es mir nicht nach, Bäuerin, dass ich so offen meine Meinung gesagt habe, das habe ich nur getan, weil ich mir Sorgen um dich mache!«

»Zu spät, Hilde! Guido ist mein Mann.«

»Du hast mich heute das erste Mal danach gefragt und ich darf dich nicht anlügen.«

Dorothee winkte ab. »Es ist gut, Hilde, und es soll unter uns bleiben.«

Aber Dorothee brachte diese Unterredung nicht mehr aus dem Kopf und sah schlimme Tage heraufdämmern.

Guido Randinger ließ nicht in sich hineinschauen, auf direkte Fragen gab er ausweichende Antworten und wurde er in die Enge getrieben, dann wurde er grob.

Das Heu war eingebracht, auf den Wiesen wuchs die zweite Mahd heran und auf den Feldern blühte das Korn und ging in die Reife. Es war jetzt die Zeit, wo die Bauern sich mit ihrer Arbeit Zeit lassen konnten. Manchmal gingen schwere Gewitter nieder, die viel Regen brachten, dann hörte man das Hochwasser durch das Tal rauschen und die friedliche Emme ließ in den Nächten ein drohendes Zischen hören, dort, wo sie eine scharfe Kurve nahm oder über eine Schnelle sprang.

Guido Randinger war an diesen Tagen selten daheim. Er ordnete, bevor er wegfuhr, seinen Leuten die Arbeit an, dann rief er seiner Frau noch ein rasches, unklares Wort zu und fuhr mit seinem Auto davon.

Dorothee war voller Zorn und Trotz. Sie fühlte sich bereits als billiger Dienstbote des Hauses, dem er keinen Lohn bezahlen musste. Sie steigerte sich immer mehr in ihre Verletztheit und war plötzlich voll Misstrauen. Sie fühlte sich geradezu herausgefordert und war entschlossen, diesem Zustand ein Ende zu setzen.

Wenn sie am Sonntag den Gottesdienst besuchte, schaute sie eifrig nach ihrem Bruder aus, der sich seit ihrem Hochzeitstag nicht mehr bei ihr sehen ließ. Heimgehen konnte sie nicht, denn die Mutter durfte nicht erfahren, welche Enttäuschung sie erlebte. Diesen Triumph wollte sie ihr nicht gönnen.

Doch die Sehnsucht nach einem Wiedersehen mit ihrem Bruder oder mit irgendeinem Menschen, von dem sie wusste, dass er zu ihr hielt, empfand sie erst dann so qualvoll, nachdem es zwischen ihr und ihrem Mann zum ersten bösen Zusammenstoß gekommen war.

Mehrere Tage war er von daheim fortgeblieben, angeblich hatte er geschäftlich in der Stadt zu tun, wozu er alles Geld bis zum letzten Pfennig, der im Haus war, mitnahm. Nichts davon brachte er mehr heim, aber auch keine Einkäufe. Im Gegenteil, er sah recht verwahrlost aus, als hätte er keine Nacht in einem ordentlichen Bett zugebracht.

Es lag nicht im Wesen Dorothees, ein solches Verhalten noch länger schweigend hinzunehmen, nachdem es immer wieder dazu kam.

Sie hatte diesmal auf ihn gewartet, obwohl er erst nach Mitternacht heimkam. Er blieb erschrocken stehen, als sie plötzlich das Licht anknipste und wie ein zürnender Engel vor ihm stand. Sein Blick verriet, dass er stark angetrunken war. Er sah sie maßlos erstaunt an.

»Warum bist du nicht im Bett?«, fragte er.

»Weil ich auf dich gewartet hab.«

»Wie aufmerksam!«, höhnte er.

»Vielleicht erklärst du mir endlich, wo du dich diese ganzen Tage und Nächte aufgehalten hast. Allmählich geht mir dein Verhalten auf die Nerven!«

Sein Gesicht nahm sofort einen bösen Ausdruck an. »Erstens geht es dich nichts an, und zweitens frage ich ja auch nicht danach, was du in der Zwischenzeit gemacht hast.«

Er schlüpfte aus den Schuhen und warf sie wütend in die Ecke. Dann nahm er die Jacke ab und hängte sie über einen Stuhl.

»Dann muss ich dich schon fragen, sind wir Mann und Frau oder sind wir es nicht?«

»Das frage ich mich schon länger«, höhnte er.

»War alles Lüge und Betrug, was du mir vor der Hochzeit gesagt hast? Welche Auffassung hast du überhaupt von der Ehe? Hast du mich nur geheiratet, um einen billigen Dienstboten zu bekommen, der dir nicht einmal davonlaufen kann? Sag die Wahrheit, damit ich endlich weiß, wie ich dran bin. Die ganze Woche stehe ich ohne einen Pfennig Geld da! Brauche ich einmal ein paar Mark, muss ich sie mir von der Hausangestellten ausleihen, damit ich nicht vor aller Welt blamiert dastehe. Wo ist da noch eine Gemeinschaft zwischen uns, wenn du deine eigenen Wege gehst, von denen ich nicht einmal etwas wissen darf?«

Sein Gesicht nahm einen brutalen Ausdruck an. Er griff nach ihrem Arm und drehte ihn herum, dass sie vor Schmerzen aufschrie. Dann stieß er sie von sich.

Er ging hinaus, und als er zurückkam, hatte er eine Flasche Schnaps und ein Glas bei sich. Sie wollte weggehen, aber er vertrat ihr den Weg.

»Bleib!«, befahl er schroff. »Wer ist denn der Patron, der dir die Ohren vollbläst und dich gegen mich aufzuhetzen versucht? Vielleicht gar dein Bruder?«

»Mein Bruder hat seit unserem Hochzeitstag unser Haus nicht mehr betreten. Auch sonst habe ich ihn nicht mehr gesehen.«

Er stürzte den Schnaps hinunter, füllte das Glas aufs Neue und schob es ihr hin. »Da! Trink!«

Sie wies es entschieden zurück.

»Weißt du's noch, wie du mir ewige Liebe geschworen hast?«, höhnte er.

»Du hast dasselbe getan!«, antwortete sie.

»Ich habe unter der Liebe etwas anderes verstanden. Eigentlich hätte ich bedenken sollen, dass du von Kindheit an unter dem Einfluss deiner hysterischen Mutter gestanden bist. Du bist durch sie zu einer verkrampften Frau geworden und findest aus dieser Verklemmung nicht mehr heraus.

Das kann ein Mann nur eine bestimmte Zeit aushalten, wenn er aber dann sieht, dass alles Warten umsonst ist, zieht er seine Konsequenzen. Verstehst du das?«

»Ich bin mit dem besten Willen mit dir in dieses Haus gezogen«, verteidigte sie sich vehement. »Ich habe gegen den Willen meiner Mutter geheiratet und mich mit ihr überworfen. Warum? Weil ich dich geliebt habe, dir vertraut und alles geglaubt habe, was du mir gesagt hast. Und wie sieht es heute aus? Du kümmerst dich kaum mehr um mich, gehst deine eigenen Wege, bleibst mehrere Tage und Nächte auswärts, ohne dass man erfährt, wo du dich aufhältst. Vielleicht betrügst du mich und hast mich schon betrogen, noch bevor wir geheiratet haben.«

Er stürzte abermals ein Glas Schnaps hinunter und bekam gläserne Augen. Sein Gesicht verzog sich zu einem hässlichen Grinsen, das seine gemeinen Gedanken verriet.

»Merke dir wenigstens, dass du mit nichts in den Randingerhof gekommen bist und keine Ansprüche zu stellen hast!«, sagte er.

»Ich bezweifle, dass du mich je geliebt hast. Eine Bäuerin hast du gebraucht, aber es gab kein Mädel im Dorf, das dich geheiratet hätte. Nur ich hab es getan, weil ich alles, was man über dich geredet hat, für Verleumdung gehalten habe!«

Er wollte nach ihr greifen, vielleicht um sie an sich zu ziehen, aber sie wich vor ihm zurück. »Bevor du mir nicht die Wahrheit sagst, wo du warst und was du in der Stadt treibst, bin ich deine Frau gewesen!«

»Dann geh!«, brüllte er. »Geh heim zu deiner Mutter, ich brauche dich nicht!«

Aus ihren Augen stürzten jetzt die Tränen, die sie bisher nur mit Mühe hatte zurückhalten können.

»Du bist gemein!«, sagte sie und ging aus der Stube.

Als er später die Schlafstube betrat, war ihr Bett leer. Sie hatte eine andere Kammer aufgesucht und sich dort eingeschlossen.

Sollte wirklich in so kurzer Zeit eine Ehe zerbrechen, die den besten Anfang genommen hatte? Hatte die Mutter doch Recht gehabt?

Guido Randinger machte sich weniger Gedanken darüber. Er hatte die ganze Flasche Schnaps ausgetrunken und sank nun halb bewusstlos in sein Bett.

Es war die Zeit der Kornernte.

Blutrot ging die Sonne am klaren Abendhimmel unter. Eine Zeit lang schlug die Abendröte ihren Bogen über das heitere blaue Gewölbe. Auf dem Randingerhof hatten die Leute eben zu Abend gegessen.

Dorothee machte zusammen mit Hilde Küche und Haus sauber. Der Knecht stieg hinab zum Fluss, um zu baden. Der Stallmeister arbeitete noch eine Weile im Stall, denn das Vieh war eben erst von der Weide heimgekehrt und musste gemolken und versorgt werden.

Der Bauer war nicht da, schon seit mehreren Tagen befand er sich wieder auf der Fahrt zu den Märkten und Ausstellungen, wie er vorgab. Dorothee ging nach der Arbeit zu den Stallungen und erschrak über die zahlreichen Lücken im Stand des Viehs.

»Wo sind denn die Tiere hingekommen?«, fragte sie den Stallmeister.

»Sie wurden von den Händlern weggeholt«, antwortete der Mann.

»Also verkauft?«, fragte sie.

»Ich nehme es an.«

»Und wo bleibt der Ersatz?«

Der Mann zuckte die Schulter und schaute sie mit einem seltsamen, fast mitleidigen Blick an.

Dorothee nickte, sagte gute Nacht und ging zurück ins Wohnhaus.

Nach einer Weile zog sie sich besser an.

»Ich geh nur noch ein wenig draußen herum und weiß nicht, wann ich zurückkomme, brauchst nicht auf mich zu warten«, sagte sie zu Hilde.

Sie ging über die abendlichen Fluren auf den Fluss zu, der durch die Talsohle rauschte; die Abendröte verblasste mehr und mehr, aber gerade im Zwielicht lag die Landschaft zauberhaft vor ihren Blicken. Weit breiteten sich die Stoppelfelder aus.

Wie herrlich wäre es im Emmental, wenn die Menschen sich nicht gegenseitig quälen würden! Ach, die Menschen waren doch gut. Es kam oft nur auf einen einzigen an, der einem die ganze Freude zerstören konnte.

Sie war noch jung und gesund und es konnte alles noch besser und schöner kommen in ihrem Leben, das eigentlich in seiner ganzen Länge noch vor ihr lag.

Ihr Leben mit Guido Randinger …

Sie wurde von einem Schauer geschüttelt. War es Furcht? Angst? War es eine böse Vorahnung?

Sie erreichte den Fluss, stand auf der Brücke, die darüber führte, und lehnte sich auf das Geländer. Unter ihr strömte das Wasser vorbei, dunkel und murmelnd, ohne Pause, Wasser im ewigen Lauf, unerschöpflich wie das Leben.

Dorothee schaute den schaukelnden Wogen zu und dachte an ihr Leben und daran, wie einsam sie geworden war, noch einsamer als daheim bei ihrer Mutter, von der sie so wenig Freude und Liebe empfangen hatte.

Das war wohl der Hauptgrund dafür, dass sie an die Versprechungen Guidos geglaubt hatte. Sie wollte einem Menschen in Liebe angehören und hätte nie gedacht, dass sie so betrogen werden könnte.

Vielleicht hätte sie alles viel besser überlegt, wenn nicht gerade in dieser Zeit ihr Bruder beim Militär gewesen wäre.

Jetzt war es zu spät. Jetzt war sie die Frau Guido Randingers, die Bäuerin vom Randingerhof, ohne Rechte und Mitsprache, eine Bäuerin, die nur zur Arbeit da war, die sogar auf ein Kind verzichten musste.

»Das hat noch fünf und mehr Jahre Zeit«, war die Rede Guidos.

Aber es geschah ihr recht; man hatte sie vor dieser Heirat gewarnt.

Es wurde langsam dunkler. Sie musste heimkehren, so zuwider es ihr auch war. Sie gehörte in den Randingerhof. Sie musste mit diesem Mann zusammen sein, ohne ihn noch lieben zu können.

Langsam kehrte sie zum Haus zurück. Der Tau lag jetzt dicht auf dem Gras, über das sie hinwegschritt.

»Guten Abend!«, sagte plötzlich eine wohlklingende Männerstimme hinter ihr.

Sie blieb erschrocken stehen und wandte sich um.

Der Mann war ein Fremder. Vielleicht verbrachte er hier im Ort seinen Urlaub. Er war bequem gekleidet, hatte seinen gestrickten Janker über die Schulter geworfen, trug ein farbiges Hemd mit Ärmeln, die nur bis zum Ellenbogen reichten.

Sie erwiderte den Gruß und trat etwas beiseite, um ihn vorbeizulassen, denn er ging schneller als sie.

Aber er passte seinen Schritt dem ihren an und blieb an ihrer Seite.

»Eine schöne Nacht!«, sagte er. »Fast zu schade, um sie zu verschlafen.«

»Ja, es ist ein schöner Abend«, erwiderte sie.

»Ich habe im Fluss gebadet und eine Stelle gefunden, wo man bequem einsteigen und sogar schwimmen kann.«

Sie antwortete nicht.

»Ich bin erst vor wenigen Tagen angekommen und verbringe hier meinen Urlaub«, fuhr der Fremde fort.

»Hier im Emmental?«, wunderte sich Dorothee. »Hierher kommen nicht viele Fremde. Die meisten Urlauber fahren lieber ins Hochgebirge.«

»Es ist hier genauso schön, nur auf eine andere Art«, widersprach er. »Es gibt herrliche Spaziergänge durch die Wälder. Ich habe noch nirgends eine solche Pracht von Blumen gesehen wie hier. Und das Schönste ist, dass man allein ist und tun und lassen kann, was man will, ohne auf andere Sommergäste Rücksicht nehmen zu müssen.«

Sie nickte stumm.

Er musterte sie heimlich. »Sie sind doch auch zur Kur hier?«, sagte er dann. Der Sprache nach schien er vielleicht aus der Lindauer Gegend zu sein.

»Nein, ich bin eine Einheimische«, antwortete sie.

»Sind Sie hier geboren?«

»Ja, ich bin im Emmental daheim.«

»Sie überraschen mich! Aber Sie kommen aus keinem Bauernhaus?«

»Nein.«

Sie kamen dem Gehöft näher.

»Ich habe Sie schon öfter gesehen und war der Meinung, dass Sie dort in jenem Bauernhaus wohnen«, gestand er.

»Ganz recht, aber ich wohne nicht nur dort, sondern gehöre in das Haus.«

»Als Tochter?«

»Nein.«

»Vielleicht als Frau?«

»Ja.«

»Dann bitte ich um Entschuldigung. Ich will Ihnen nicht zu nahe treten.«

Sie lächelte, aber es war schon so dunkel, dass er es nicht sehen konnte. »Sie haben mir nichts getan, darum brauchen Sie sich nicht zu entschuldigen!«, sagte sie nach einer Weile.

»Schade!«

»Was ist schade?«

»Ich kenne Sie jetzt schon mehrere Tage und habe Sie oft abends durch die Gegend gehen sehen. Aber immer allein. Ihr Mann hat wohl viel zu tun?«

»Ja, er ist selten am Abend zu Hause.«

»Ist das nicht langweilig für eine so junge Frau?«

»Oh, man kann sich an alles gewöhnen.«

Sie blieb stehen, nickte ihm einen Gute-Nacht-Gruß zu und näherte sich ihrem Haus. Aber sie schaute sich noch ein paar Mal nach ihm um und sah, dass er langsam auf das Dorf zuschritt. Es war irgendwie ein beglückendes Gefühl, wieder einmal mit einem kultivierten Menschen ein paar Worte gesprochen zu haben, obwohl sie von seinem Gesicht nur eine undeutliche, verschwommene Vorstellung hatte – was sich halt so in der Nacht erkennen ließ.

Inzwischen waren alle Fenster im Haus dunkel geworden. Die Leute waren zur Ruhe gegangen. Nur von der Küche her schimmerte noch ein einsames Licht in die Nacht heraus. Hilde war also noch auf.

Dorothee betrat die Stube, machte Licht und nahm ihr Schultertuch ab. Sie war nun schon bald drei Monate in diesem Haus und fühlte sich immer noch nicht daheim. Besonders wenn sie zu feierabendlicher Stunde in der großen Bauernstube saß, kam ihr alles so fremd und kalt vor. Sie hätte sich alles viel besser überlegen müssen, denn sie war keine Bäuerin und wurde auch keine.

Dazu kam, dass Guido die Abende immer seltener daheim verbrachte. Er ging fast jedes Mal nach dem Nachtessen fort, ohne auch nur mit einem Wort zu verraten, was er auswärts zu tun hatte. Manchmal nahm er den Wagen und dann wusste sie, dass er mehrere Tage ausblieb, auch wenn es gerade reichlich Arbeit gab.

Sie zog jetzt an den beiden Fenstern die Vorhänge zu, warf einen Blick auf die Uhr und überlegte, was sie noch tun könnte; zum Schlafengehen war es ihr zu früh.

Es war ein schrecklicher Gedanke, dass es nicht Liebe war, was sie mit diesem Mann zusammengeführt hatte. Hatte sie die Werbung Guidos nur deshalb angenommen, um sich aus der Gemeinschaft mit der verbitterten Mutter zu befreien, die gegen jede Heirat gewesen wäre, egal, welcher Mann sie weggeholt hätte? Sie hatte fest daran geglaubt, dass sie von Guido geliebt würde – und jetzt, nach kaum drei Monaten, musste sie erfahren, dass er sie belogen hatte. Denn Liebe konnte das nicht sein, was er ihr entgegenbrachte. Abgesehen von den wenigen Wochen der ersten Zeit, in der er sie voll Leidenschaft begehrt hatte, war alles zu einer schweren Enttäuschung geworden, seit sie vermutete, dass er irgendwo in der Stadt eine Geliebte hatte.

Noch war es freilich nur eine Vermutung, aber sie fürchtete sich von einem Tag zum anderen vor der Gewissheit.

Sie stand vor der Kommode, zerwühlte die Decke darauf und strich sie mit heftigen Bewegungen wieder glatt.

Da ging hinter ihr die Tür. Sie drehte sich um und sah sich der Hausangestellten gegenüber.

»Was ist denn noch, Hilde?«

»Während du weg warst, Bäuerin, ist der Achim gekommen. Er sitzt in der Küche.«

Dorothee erschrak. »Der Achim? Was will er denn?«

»Er wollte mit dem Bauern sprechen.«

»Der Bauer ist nicht da.«

»Das habe ich schon gesagt.«

»Ich weiß auch nicht, wann er heimkommt und wo er sich aufhält.«

»Er möchte wenigstens mit dir sprechen, Bäuerin. Was soll ich ihm sagen?«

Dorothee war bestürzt. »Mit mir? Was will er denn von mir?«

»Das weiß ich nicht, Bäuerin.«

Dorothee überlegte noch eine Weile, dann nickte sie. »Sag ihm, er soll zu mir in die Stube kommen.«

Hilde ging und zog hinter sich die Tür zu.

Achim Randinger betrat die Stube. Im Gesicht ähnelte er seinem Bruder, nur das Haar war heller, die Gestalt etwas kleiner, untersetzt und stämmig. Die Augen standen etwas auseinander, waren schmal und von unbestimmbarer Farbe. Die vortretenden Backenknochen ließen das Gesicht breit erscheinen, hart und trotzig. Diesen Eindruck vermochte auch das Lächeln nicht zu verwischen, das er jetzt zeigte.

»Was schaust mich denn so erschrocken an, Dorothee?«, sagte er mit etwas rauer Stimme. »Ich tu dir nichts und falle dir nicht zur Last. Ich wollte bloß mit meinem Bruder sprechen –«

»Der ist schon seit einigen Tagen nicht daheim«, unterbrach sie ihn. »Wahrscheinlich besucht er ein paar Märkte und Ausstellungen, darum kann ich auch nicht sagen, wann er zurückkommt.«

In seinen Augen lag mitleidiger Spott, deshalb riss sie sich los von seinem Blick und übersah auch die Hand, die er ihr geben wollte.

»Bitte, setz dich an den Tisch!«, forderte sie ihn auf. »Magst du etwas essen oder trinken?«

»Nein, danke!«, lehnte er ab, setzte sich aber doch auf den Stuhl, den sie für ihn bereitrückte.

»Wir sind uns fremd geworden, Dorothee!«, begann er wieder. »Seit Jahren habe ich dich kaum mehr gesehen.«

»Ich bin selten hinuntergekommen ins Dorf und bin allen Leuten fremd geworden. Die Einkäufe besorgte die Mutter. Zusammen mit meinem Bruder war ich fast immer bei der Arbeit. Wer es nicht weiß, der glaubt nicht, welche Arbeit eine Großimkerei macht.«

»Mehr doch wohl nicht als ein Bauernhof?«, lächelte er.

»So viel bestimmt, wenn man es auch nicht sieht. Solange mein Bruder beim Militär war, konnte ich es nur mit Mühe schaffen und war den ganzen Tag auf den Beinen.«

Sie merkte, dass er ihr nicht glaubte, aber sie sah keinen Grund, ihn überzeugen zu wollen.

»Du wirst doch nicht sagen, dass du auf dem Randingerhof weniger zu tun hast als daheim?«, schmunzelte er.

»Ich habe noch keinen Vergleich gemacht und werde es auch nicht tun. Während der Erntezeit gibt es nur an den Regentagen eine Verschnaufpause. Damit muss man sich abfinden.«

»Diese Verschnaufpausen, denke ich, nimmt mein Bruder das ganze Jahr für sich in Anspruch. Er hat früher schon die Arbeit anderen überlassen«, höhnte er mit deutlichem Groll.

»Das kann ich nicht beurteilen, weil ich erst zu kurz da bin.«

Er schwieg eine Weile und schaute sich in der großen Wohnstube um, in der sich nichts verändert hatte, nur die Wände waren frisch getüncht und mit einem anderen Muster gerollt worden.

»Warum hast du in den Randingerhof geheiratet?«

Sie schaute betroffen auf und begegnete seinem herausfordernden Blick.

»Was für eine Frage!«, rief sie dann. »Warum folgt eine Frau wohl einem Mann in die Ehe?«

Er lachte. »Willst du damit sagen, dass du den Guido liebst?«

»Zweifelst du daran? Meinst du gar, ich hätte ihn nur des Hofes wegen genommen?«

Er schüttelte den Kopf und streckte die Hand aus. »Oh nein! Denk ja nicht, dass ich dich um dein Glück beneide!« Auf das Wörtchen Glück legte er einen ganz besonderen Nachdruck. »Mein Bruder hat sich, als er den Hof übernahm, um mehrere junge Frauen beworben, aber er hatte kein Glück. So weit bist du doch auch nicht vom Dorf entfernt gewesen, dass du nichts von den Gerüchten erfahren hast, die über ihn im Umlauf waren.«

»Ich gebe nichts auf Gerüchte!«, erwiderte sie scharf.

»In jedem steckt aber ein Körnchen Wahrheit!«

Sie schaute ihn wieder mit kalten Augen an. »Dass du dich in Feindschaft von ihm getrennt hast und nicht einmal auf unserer Hochzeit warst, ist wahr, aber es muss nicht seine Schuld gewesen sein, dass du das getan hast!«

»Erstens habe ich mich nicht von ihm getrennt, sondern wurde von ihm aus dem Haus gejagt, als er den Hof übernommen hat, und zweitens konnte ich nicht zu eurer Hochzeit kommen, weil ich nicht eingeladen wurde. Man hat es mir nicht einmal mitgeteilt!«

»Nicht mitgeteilt?«, staunte sie. »Wusste Guido überhaupt, wo du dich damals aufgehalten hast?«

»Und ob!«

»Seid ihr noch immer die gleichen Feinde, Achim?«

»Wir werden Feinde bleiben, solange er mir mein Erbe streitig macht!«

Sie schaute wieder erschrocken auf. »Tut er denn das?«

»Arme Dorothee! Jetzt sehe ich erst, wie wenig du meinen Bruder kennst!«, rief er. »Es wird lange dauern, bis du hinter alle seine Lügen kommst!«

»So darfst du in diesem Haus nicht reden, Achim!«, zürnte sie. »Ich bin seine Frau geworden und lasse es nicht zu, dass du ihn schlecht machst! Ich verbitte mir, dass sein eigener Bruder in dieser Weise über ihn spricht!«

»Entschuldige! Aber ich wollte dir nur ein wenig die Augen öffnen, weil ich sehe, welches Vertrauen du in ihn hast, gerade du, die du doch schon von Haus aus –«

»Bitte hör auf!«, unterbrach sie ihn heftig.

»Ich will dir nicht weh tun, Dorothee, aber man hat ja auch über dein Haus oft gesprochen. Sicher ist nicht alles wahr daran, aber etwas doch, und wenn es noch so wenig ist. Und gerade das wenige ist es dann, unter dem man so schwer zu leiden hat.«

Sie stand auf und ging ans Fenster. Sie schob den Vorhang ein Stück beiseite und schaute in die Nacht hinaus.

»Willst du, dass ich mich in diesem Haus fürchte?«, fragte sie plötzlich, immer noch dem Fenster zugewandt.

»O nein! Du tust mir ganz einfach Leid!«

»Ich verzichte auf dein Mitleid!«

»Das beruhigt mich etwas. Aber denk ja nicht, dass das schon der Höhepunkt der Krise ist!«

Er stand ebenfalls auf und näherte sich ihr ein Stück. »Ebenso sollst du ja nicht denken, dass ich mich als dein Beschützer aufspielen möchte!«

Sie drehte sich nach ihm um. »Ist das eine Drohung?«

»Nein, das ist eine Warnung, Dorothee«, erwiderte er ruhig. »Ich habe dich vorhin mit einem fremden Mann vom Fluss heraufkommen sehen.«

»Und? Was ist dagegen einzuwenden?«

»Ich stoße mich nicht daran. Du bist sehr einsam geworden, Dorothee. Warum sollst du nicht einmal mit einem fremden Menschen sprechen?«

Auf das Wörtchen »fremden« legte er wieder diese seltsame Betonung; ohne es zu wollen, stieg ihr eine flammende Röte ins Gesicht, aber sie schwieg.

»Das habe ich nicht allein gesehen!«, fuhr er fort. »In diesem Haus gibt es Aufpasser und Zuträger, nur um dem Bauern zu gefallen.«

Sie erbleichte. »Die Hilde?«

Er schüttelte den Kopf. »Nein, das glaube ich nicht. Aber es sind noch andere Leute im Haus!«

Sie lachte auf. »Ich will dir gern sagen, was es mit diesem Mann auf sich hat: Er ist mir zufällig in den Weg gekommen, als ich draußen herumgegangen bin. Ich habe ihn vorher noch nie gesehen, kenne nicht einmal seinen Namen. Ich weiß nur, dass er hier seinen Urlaub verbringt und im Ortsgasthaus wohnt. Bist du jetzt zufrieden? Oder willst du auch wissen, was wir miteinander gesprochen haben? Schau, das könnte ich nicht einmal mehr wiederholen, so belanglos war es.«

»Weißt du überhaupt, wo dein Mann sich aufhält, wenn er angeblich auf Märkten und Ausstellungen zu tun hat?«

»Nein.«

»Ich will es dir auch nicht sagen, das sollen andere tun. Mir würdest du es wahrscheinlich nicht glauben. Weißt du, wie viele Schulden auf dem Randingerhof sind, seitdem es einen neuen Bauern gibt, der mit dem Geld umgeht wie mit wertlosem Plunder?«

»Nein, darum kümmere ich mich nicht.«

»Dann kümmerst du dich wohl auch nicht darum, wofür er das Geld ausgibt?«

»Nein.«

Er schüttelte verständnislos den Kopf. »Liebst du meinen Bruder überhaupt?«

»Auf diese Frage brauche ich dir wohl keine Antwort zu geben.«

Er stieß einen tiefen Seufzer aus. »Es ist dir bestimmt lieber, wenn ich jetzt gehe?«

»Ehrlich gesagt, ja! Ich habe Angst, mein Mann könnte jeden Augenblick zur Tür hereinkommen.«

»Und? Wovor hast du Angst?«

»Vor seinem Misstrauen und seinem Jähzorn.«

»Du tust mir Leid, Dorothee! Allein wirst du

mit dieser Situation nicht fertig. Guido hat noch ganz andere und viel schlimmere Fehler. Du brauchst nicht vor ihm zu kuschen; denn wenn es darauf ankommt, sind die Sympathien aller auf deiner Seite. Mein Bruder ist nicht nur ein Lügner und Betrüger, sondern er hat auch einen Hang zu Ausschweifungen. Das sage ich dir zur Warnung. Und jetzt gehe ich wieder, ich sehe, dass ich dir großen Schrecken eingejagt habe. Aber da es dir sonst niemand sagt, musste ich es tun.«

Sie antwortete nicht. Nur mühsam vermochte sie noch zu stehen. Eine Schwäche war über sie gekommen und kalter Schweiß stand ihr in großen Tropfen auf der Stirn.

»Ich weiß nicht, ob wir uns noch einmal sehen. Ich arbeite auf einem Einödhof, ziemlich weit von hier entfernt. Ich wünsche dir alles Gute!«

Bevor sie antworten konnte, ging er weg und verließ das Haus.

Sie fragte sich, warum er wohl gekommen war, wenn er schon mit seinem Bruder keinen persönlichen Kontakt mehr hatte. Er hatte ihm ein vernichtendes Urteil ausgestellt, für sie, dessen Frau, kaum zu ertragen. Sie musste erst darüber nachdenken, alles in ihre Erinnerung zurückrufen, was er gesagt hatte.

Sie ging in die Küche. Aber dort war es dunkel. Hilde war inzwischen zur Ruhe gegangen. Sie hätte gern mit ihr darüber gesprochen, denn sie hatte das Gefühl, dass sie die Einzige im Haus war, die es ehrlich mit ihr meinte.

Erst dann wollte sie ihren Mann zur Rede stellen.

Der Sommer hatte seinen Höhepunkt überschritten, ohne dass sich etwas an den Dingen änderte, nur die Spannung wuchs, man spürte sie von einem Tag zum anderen noch deutlicher.

An einem Abend, als Dorothee wieder allein in der Stube saß, kam zu ihrer Überraschung Simon zur Tür herein. Sie war darüber so erfreut, dass sie nicht gleich das richtige Wort zur Begrüßung fand und stumm seine Hand festhielt, als müsste sie sich daran festklammern in ihrer Furcht in diesem unheimlichen Haus.

»Ich kam gerade in der Nähe vorbei und wollte schauen, wie es dir geht«, sagte er. »Bist du allein?«

»Ja. Mein Mann musste in die Stadt fahren und kommt wohl recht spät heim.«

»Alles in Ordnung?«, fragte er.

»O ja«, entgegnete sie wenig überzeugend.

Und gerade dafür hatte er ein feines Ohr, aber er sagte nichts, sondern beobachtete nur unauffällig ihr Gesicht. »Wie hast du dich hier eingewöhnt?«, fragte er.

»Recht gut. Die Hilde ist mir eine große Stütze.«

Sie bot ihm Platz an und zog die Vorhänge zu. Dann setzte sie sich zu ihm. »Wie geht's daheim?«, fragte sie nach einem Zögern.

»Die Mutter machte mir einige Sorgen. Sie ist plötzlich zusammengebrochen. Als ich in die Stube kam, lag sie am Boden. Der Arzt stellte eine Herzschwäche fest und ordnete einige Tage strenge Bettruhe an. Ich kann mir nicht erklären, wie es plötzlich zu dieser Schwäche gekommen ist, denn sie brauchte sich ja nicht zu überarbeiten; die Arbeit in der Imkerei mache ich allein. Sie braucht sich um nichts weiter zu kümmern, als dass zu den Mahlzeiten das Essen auf dem Tisch steht.«

Dorothee hörte ihm erschrocken zu. »Meinst du, ich sollte sie besuchen?«, fragte sie zögernd.

Er zuckte die Schultern. »Einen Versuch kannst du machen, das beruhigt dein Gewissen. Sie ist immerhin unsere Mutter. Vielleicht bereut sie sogar ihr Verhalten. Nur würde sie sich eher die Zunge abbeißen, als es zuzugeben. Ich bin sicher, dass sie es mit mir genauso machen würde, wenn ich eines Tages zu ihr käme und ihr meine Braut vorstellen würde.«

»Meinst du nicht, dass du eines Tages dazu gezwungen sein wirst? Oder willst du dir einmal eine Haushälterin nehmen?«

»Ich weiß nicht, wie alles einmal kommen wird. Du bist heute Bäuerin vom Randingerhof. Und wenn es dir gut geht, wie du sagst, ist das eine Sorge weniger. Um mich braucht sich niemand kümmern. Du kannst ruhig einmal am Abend zu uns kommen. Die Mutter ist seit mehreren Tagen wieder auf. Es geht ihr den Umständen entsprechend gut.«

»Glaubst du nicht, dass ihr die Aufregung schadet, wenn ich plötzlich vor ihr stehe?«

Er schüttelte den Kopf. »Ich glaube, dass sie dir längst verziehen hat, und es gehört sich, dass du den ersten Schritt zur Versöhnung machst. Oder findest du nicht?«

»Doch, das glaube ich auch.«

»Ich bereite sie darauf vor.«

»Danke, Simon! Ich habe in letzter Zeit viel an dich gedacht. Vielleicht war es Gedankenübertragung, dass du jetzt zu mir gekommen bist!«

»Du machst nicht den Eindruck einer glücklichen Frau, Dorothee! Hast du mir auch die ganze Wahrheit gesagt?«

»Wie es ist und kommen wird, es lässt sich nichts mehr daran ändern oder gar rückgängig machen«, gestand sie plötzlich und folgte ihm vor die Tür.

Der Himmel war bewölkt, ein scharfer Wind wehte aus dem Westen. Draußen auf der Straße ging eben eine Gestalt vorbei und bewegte sich lautlos in der Nacht davon.

»Wer geht denn dort?«, fragte er.

»Das ist ein Sommergast, der im Dorfwirtshaus wohnt. Er kommt vom Fluss herauf, wohin er seinen abendlichen Spaziergang macht. Karl Münch heißt er.«

»Du kennst ihn?«

»Ich bin ihm ein paar Mal begegnet, wir kamen so ins Gespräch. Er reist demnächst ab.«

Er drückte ihre Hand. »Ich bin immer für dich da, Dorothee, wenn du mich brauchst. Es tut mir Leid, dass ich dich so lange allein gelassen habe!«

Darauf ging er rasch davon.

Das Tal war noch immer grün und dazwischen breiteten sich die hellen Flächen der Stoppelfelder aus, soweit sie noch nicht umgepflügt worden waren. Im Dämmerlicht der Abende, wenn man von den bewaldeten Höhen herunterschaute ins Tal, zerflossen die Farben ineinander, man spürte gleichsam den Händedruck des scheidenden Sommers mit dem kommenden Herbst.

Das Obst in den Gärten reifte und hinter jedem dieser Baumbestände stand ein Haus, jedes für sich und doch miteinander verbunden zu einer dörflichen Gemeinschaft.

Wiesen, Stoppelfelder, aufgebrochene Erde und Gärten und im tiefen Grund das Silberband des Flusses, das im weißen Mondlicht matt in die Dämmerung schimmerte.

Mein Zuhause, das Emmental!, kam es Dorothee in den Sinn, als sie droben auf der freien Höhe stand, umflossen vom verlöschenden Licht am Himmel. Sie möchte nirgends anders wohnen, nur dass sie sich auf dem Randingerhof nicht wohl fühlte. Wäre sie dorthin als Angestellte gekommen, könnte sie jeden Tag kündigen und ihre Sachen packen.

Aber so war sie die Bäuerin, verheiratet mit einem Mann, den sie zu lieben geglaubt, dem sie vertraut, den sie in Schutz genommen hatte gegen das üble Gerede der Leute.

Er hatte in ihr eine billige Magd gesucht und gefunden. Seit sie das erkannt hatte, war die Liebe in ihr erloschen.

Und auf einmal hatte sie Verständnis für ihre Mutter, der es so ähnlich ergangen sein mochte, als ihr Vater um sie warb. Die Mutter besaß ein Haus, eine gut eingeführte Imkerei, sie bot Sicherheit und Geborgenheit.

Aber das Glück dauerte nicht lange, dann wurde es dem Vater zu eng im Emmental. Er forderte von der Mutter, dass sie das Haus verkaufe und mit ihm in die Welt zöge. Der Erlös hätte gereicht, um eine neue Existenz aufzubauen. Aber die Mutter wollte das nicht und so mochte es manche Szenen und manche harte Auseinandersetzung gegeben haben, bis das Ehepaar sich trennte und nicht mehr zusammenfinden konnte.

»Guten Abend, Bäuerin«, sagte plötzlich eine Stimme hinter ihr.

Sie fuhr erschrocken herum.

Es war wieder der Fremde, Karl Münch. Mehr wusste sie nicht über ihn als seinen Namen.

»Habe ich Sie erschreckt?«, fragte er lächelnd. »Das täte mir Leid.«

»Ich finde es allmählich lästig, dass Sie mir überall in den Weg kommen!«, antwortete sie.

Sein Lächeln blieb unverändert. »Ich verstehe Ihren Ärger, solange Sie die Gründe nicht kennen. Befürchten sie ja nicht, ich könnte an Ihrer ehelichen Treue rütteln. So etwas würde ich mir gar nicht erlauben! Ich weiß seit unserer ersten Begegnung, dass Sie mit dem Bauern vom Randingerhof verheiratet sind.«

»Also! Was wollen Sie denn eigentlich von mir?«, sagte sie erregt.

»Seit ich weiß, dass Sie eine geborene Frey sind, lässt mir Ihr Gesicht keine Ruhe mehr. Sie erinnern mich an einen Mann, mit dem ich vor mehreren Jahren häufig zusammengearbeitet habe, bis er aus dem Ort verschwand, um bei einer anderen Firma einzutreten, deren Angebot ihm einen größeren Erfolg versprach. Der Mann war älter als ich, arbeitete als Stuckateur und galt als einer der Besten in seinem Beruf. Sein Name war Matthias Frey und er kam aus dem Emmental. Könnte es sich bei diesem Mann um Ihren Vater handeln?«

Sie ging langsam weiter auf dem einsamen Höhenweg, der einen weiten Bogen um das Tal beschrieb. »Das kann ich Ihnen leider nicht sagen«, antwortete sie dann gleichgültig.

»Aber ob er Stuckateur war, das könnten Sie mir doch sagen!«

Er folgte ihr, als sie jetzt die Richtung hinab ins Dorf einschlug, aber sie schaute sich nicht nach ihm um. Was will dieser Fremde von mir?, fragte sie sich. Sie hatte keinen Zweifel, dass er die Wahrheit sprach. Es konnte auch gut möglich sein, dass er mit ihrem Vater einmal zusammenarbeitete. Vielleicht stand er sogar heute noch mit ihm in Verbindung. Kam er deshalb ins Emmental, um im Auftrag ihres Vaters nach ihnen zu forschen?

Sie musste noch mehr aus ihm herauszuholen versuchen, denn wenn er wirklich ihren Vater gekannt hatte und sogar heute noch mit ihm in Verbindung stand, dann war das für sie nicht uninteressant.

»Sie haben schon Recht, mein Vater ist Stuckateur, auf alle Fälle war er es«, antwortete sie. »Es kann ja sein, dass er innerhalb der vielen Jahre seinen Beruf gewechselt hat.«

»Das würde bedeuten, dass Ihr Vater schon lange nicht mehr nach Hause kam?«

Sie zögerte mit der Antwort. Sie gingen jetzt hinter den Gärten vorbei, wo durch das dunkle Geäst der Bäume der Lichtschein von einem Haus schimmerte.

»Nein, er kam überhaupt nie mehr heim. Seine Ehe mit meiner Mutter ist in die Brüche gegangen.«

Er blieb einen Augenblick stehen. »Das tut mir aber Leid!«

Sie ging weiter. »Den wirklichen Grund dafür kenne ich nicht. Es mag sein, wie es will, aber ein Mann, der sich nicht einmal um die Kinder kümmert, die er in die Welt gesetzt hat, ist es nicht wert, dass man ihm nachtrauert.«

Das klang äußerst verbittert.

»Ich kann Ihnen nicht widersprechen«, sagte er.

»Glauben Sie, dass der Mann, von dem Sie sprachen, wirklich mein Vater ist? Oder haben Sie unsere Familiengeschichte nur von irgendjemandem gehört? Vielleicht vom Wirt, bei dem Sie wohnen?«

»Er nannte sich Matthias Frey, er war Stuckateur und kam aus dem Emmental zu uns. Ich kann mich sogar noch daran erinnern – ich war damals noch ein blutjunger Geselle –, dass er mit Begeisterung von dieser Gegend gesprochen hat.«

Gab es da noch Zweifel? »Wo ist dieser Mann jetzt?«, fragte sie.

»Das weiß ich nicht, er ging damals von uns weg nach Österreich, wenn ich mich nicht täusche, nach Salzburg. Aber ich habe nie mehr etwas erfahren.«

Das musste Dorothee mit ihrem Bruder besprechen. Gleich morgen Abend!, nahm sie sich vor. Innerlich war alles in ihr in heller Aufregung.

Sie schaute den Mann von der Seite an, beobachtete heimlich sein Gesicht. »Ich wollte eben daraus schließen, dass jener Mann Sie ins Emmental geschickt hat, um nachzuforschen, was aus seiner Familie geworden ist«, begann sie plötzlich mit abweisender Stimme. »In diesem Fall können Sie ihm sagen, dass es der Familie recht gut geht. Die Imkerei zählt heute an die dreihundert Bienenvölker, das Geschäft geht gut. Die Tochter hat in den Randingerhof geheiratet, der zu den bestsituierten des Ortes zählt. Von Not also keine Spur.«

»Nein, so ist es nicht!«, antwortete er rasch. »Ich sagte Ihnen doch schon, dass ich nie erfahren habe, was aus diesem Mann geworden ist. Ich vermute, dass er irgendwo sein Glück gemacht hat, denn er war fleißig und tüchtig, in seiner Arbeit geschickt wie kein anderer. Es kann sogar sein, dass er zu einigem Ansehen und Vermögen gekommen ist.«

Sie sagte nichts darauf, sondern deutete nur durch eine Handbewegung an, wie wenig sie von solchen Erfolgen eines Mannes hielt, der es seit zwanzig und mehr Jahren nicht für nötig hielt, sich um seine Familie zu kümmern. Und sollte es zwischen ihm und seiner Frau zu solchen Zerwürfnissen gekommen sein, dass er hinter sich alle Brücken abbrach, so müsste er wenigstens an seine Kinder denken, die daran unschuldig waren.

Sie standen jetzt vor dem Eingangstor zum Randingerhof.

»Eines weiß ich ganz sicher, dass Sie hier in diesem Haus nicht glücklich sind«, sagte er. »Ihre Heirat mit dem Bauern vom Randingerhof wurde eine schwere Enttäuschung.«

Sie warf ihr Gesicht nach ihm herum. »Spricht man im Dorf so? Im Wirtshaus?«

»Das weiß ich nicht. Aber ich habe ja selbst Augen im Kopf. Sie laufen jeden Abend allein in der Gegend herum. Ein Mann, der seine Frau liebt, kümmert sich um sie, er lässt sie nicht so allein, auch wenn er noch so beschäftigt ist. Das gibt es ganz einfach nicht! Es würde mir schrecklich Leid tun, sollten Sie von ihm betrogen werden: Sie sind eine hübsche junge Frau, so ganz anders als die meisten jungen Frauen in Ihrem Alter. Das ist mir von Anfang an aufgefallen, deshalb wollte ich auch mit Ihnen wenigstens bekannt werden.«

Sie schauten beide hin auf das Gehöft, auf die

Fenster, die dunkel waren und wie lauernde Augen anmuteten, vor denen man sich besser in Acht nimmt.

»Hoffentlich haben Sie über meine Absichten keine falschen Vorstellungen!«, fuhr er fort. »Ich habe mich über Ihre Bekanntschaft gefreut, schon deshalb, weil ich Sie für die Tochter meines ehemaligen Kollegen halte, so merkwürdig es sich auch anhören mag. Das Leben wäre völlig uninteressant, wenn es keine solchen Zufälle gäbe. Finden Sie das nicht auch?«

Sie sagte nichts, sondern wandte ihm nur ihr Gesicht zu und schaute dennoch an ihm vorbei. Sie war mit ihren Gedanken ganz wo anders.

»Gute Nacht!«, sagte sie plötzlich und ging auf das Haus zu.

Er erwiderte ihren Gruß, wandte sich um und schlug den Weg zum Dorf ein.

Dorothee betrat die Stube. Am Fenster war zur Hälfte der Vorhang zurückgeschoben und in der Helle zeichnete sich die Gestalt eines Menschen ab, so, als stünde dort jemand, den breiten Rücken gegen das Innere der Stube gerichtet.

Dorothee erschrak, machte Licht und sah sich ihrem Mann gegenüber, der jetzt den Kopf nach ihr umwandte.

»Du bist schon daheim?«, sagte sie und fügte spöttisch hinzu: »Wie seltsam!«

Nun drehte er sich ganz zu ihr um. »Was willst du damit sagen?«, fragte er herausfordernd.

»Dass ich mich kaum noch an eine Zeit erinnern kann, wo du schon so früh heimgekommen bist!«, antwortete sie mürrisch und befreite sich von ihrem Schultertuch, das sie sorgfältig zusammenlegte und in die unterste Schublade der Kommode legte. Dazu kniete sie sich auf den Boden. Er war dicht hinter sie getreten.

»Ich war bloß drüben in Langnau«, sagte er.

»Dort bist du sehr oft! Du verbringst dort mehr Zeit als daheim!«

Sie erhob sich und ging an ihm vorbei, ohne ihn anzuschauen.

»Das erfordert das Geschäft«, sagte er.

»Auf solche Geschäfte können wir verzichten, die immer größere Lücken in unseren Viehbestand reißen!«, sprudelte sie heraus und wunderte sich über ihren Mut.

»Ah!«, rief er. »Daher bläst also der Wind? Wer hat dich denn darauf aufmerksam gemacht? Denn von allein wärst du wahrscheinlich nicht darauf gekommen!«

»Täusch dich bloß nicht!«, erwiderte sie heftig. »Wenn du mich auch nur als billige Magd zu dir genommen hast, fühle ich mich immer noch als Bäuerin. Und als solche habe ich wohl das Recht, mich um unseren wirtschaftlichen Stand zu kümmern.« Sie deutete auf den schweren Wandschrank, an dem beide Türen abgeschlossen waren. »Du kannst hinter diesen festen Schlössern alles verbergen, mit meinem Verstand erkenne ich aber trotzdem, wie es mit dem Hof steht«, fuhr sie fort. »Auch ist es gar nicht so schwer zu erraten, wohin du das Geld trägst und wozu du Schulden machst. Dein Bruder hat jedenfalls nichts davon bekommen.«

Er stampfte dröhnend gegen die Bohlen des Stubenbodens. »Jetzt ist es aber genug!«, schrie er mit zornrotem Gesicht. »Wenn du für deine Anschuldigungen den Beweis bringen müsstest, würdest du ziemlich verloren dastehen. Mir also gibst du die Schuld! Mit mir kannst du es ja machen, mit mir, dem dummen, sturen Bauern, den du nur genommen hast, um von deiner hysterischen Mutter wegzukommen! Liebe hast du mir vorgeheuchelt, in Wirklichkeit lässt du mich beiseite stehen. Dass du die Pflicht hast, für den Hof den Erben zur Welt zu bringen, darum kümmerst du dich nicht. Ja, wenn es ein anderer Mann wäre, ja, dann! Dann wäre die Stube bald von einer Schar Kinder bevölkert!«

Sie drehte sich nach ihm um. Ihr Gesicht war schneeweiß geworden.

»Das ist gemein!«, schrie sie. »So gemein wie du kann niemand reden und handeln! Du weißt so gut wie ich, dass ich auf dich gewartet habe, Woche für Woche! Aber du bist nicht gekommen. Die Magd hast du und vor den Leuten bist du verheiratet! Jetzt kannst du deiner Wege gehen und mich betrügen!«

Sie schaute ihn eine Weile mit weiß leuchtendem Gesicht und entsetzten Augen an, als hätte sie den Sinn seiner Worte noch immer nicht begriffen.

Er wandte sich ab, ging zum Fenster zurück und schaute in die Nacht hinaus.

»Würde dieser Vorwurf nicht deinen ganzen niederträchtigen Charakter deutlich machen, könnte man fast darüber lachen«, fuhr sie fort. »Du möchtest dich dadurch über mich beklagen, so, als hätte ich mich dir verweigert? Du bist wirklich dieser Schuft, als den man dich hier überall bezeichnet hat! Aber ich habe niemandem geglaubt, weil du mich bereits in dein Lügennetz eingesponnen hattest. Blind bin ich dir gefolgt, ohne zu ahnen, welches Unglück im Randingerhof auf mich wartet!«

Er drehte den Kopf nur halbwegs nach ihr herum. »Bist du fertig?«, fragte er höhnisch.

»Es hat ja keinen Sinn, sich bei dir zu beklagen; man redet an eine Wand!«, erwiderte sie verbittert.

»Ich habe dich nicht aus der gemeinsamen Schlafstube hinausgewiesen, als wollte ich keine Verbindung mehr mit dir, sondern du hast dich von mir getrennt! Ist das etwa auch nicht wahr?«

»Weil keine Frau eine solche Situation erträgt und sich einem Mann hingibt, von dem sie weiß, dass er von einer anderen kommt, einem Mann, der sich neben der Frau noch eine Geliebte hält!«

Jetzt fuhr er zu ihr herum. Sein Gesicht glich einer steinernen Maske. »Was sagst du da?«, fragte er röchelnd.

»Die Wahrheit! Hast du mich wirklich für so primitiv und dumm gehalten, dass ich mir über deine Wege nach Langnau keine Gedanken mache? Oder hast du angenommen, dass ich meine Ohren verschließe, wenn unter den Leuten die Rede von dir ist? Nein, mein Lieber, diese Zeiten sind vorbei!«

»Du bist doch das infamste Frauenzimmer, mit dem ich je zu tun hatte«, begann er jetzt mit schneidender Stimme. »Auf diese Weise also versuchst du, deinen eigenen Seitensprung zu vertuschen! Glaubst du vielleicht, ich wüsste nicht, dass du dich bald jeden Abend mit einem Fremden triffst und ausgedehnte Spaziergänge mit ihm machst?«

»Ah!«, rief sie. »Das also ist es, was du gegen mich vorzubringen versuchst! Du möchtest den Stiel umkehren! Wer hat dir das denn zugetragen? Oder hast du gar jemanden beauftragt, damit er meine Schritte bewacht? Wie einfach machst du es dir doch mit deinen Verleumdungen! Ja, es ist wahr, ich bin schon einige Male mit einem fremden Mann, der hier seinen Urlaub verbringt, zusammengetroffen, wenn ich so einsam durch die Gegend streife, weil ich es daheim einfach nicht mehr aushalte. Aber wir haben uns über belanglose Dinge unterhalten. Übrigens ist der Mann erheblich älter als ich. Ich kenne weder seine Lebensgeschichte noch weiß ich, woher er kommt. Ich kenne lediglich seinen Namen. Das ist die ganze Liebesgeschichte, die dir dein Gewährsmann zugetragen hat! Fang bloß nicht noch einmal damit an, sonst wäre ich gezwungen, ihn zu bitten, zu seiner und meiner Ehre hier vor dir dasselbe auszusagen, nur fürchte ich, dass er sich diese gemeine Verleumdung nicht gefallen lässt.«

»Bitte! Ich bin jederzeit bereit, in seiner Gegenwart meine Anschuldigung zu wiederholen!«, sagte er und verzog sein Gesicht zu einem zynischen Lächeln.

»Gut! Das lässt sich bewerkstelligen«, entgegnete sie trotzig. »Ich werde gleich morgen diesen Mann zu uns bitten.«

»Einverstanden!«

Sie ging zur Tür, um den Streit endlich zu beenden.

»Einen Moment noch!«, rief er, sie zurückhaltend. »Wir werden dieser Tage endlich durchführen, was ich von Tag zu Tag und Woche zu Woche verschoben habe.«

»Nämlich?«, forderte sie ihn heraus.

»Wir werden nicht eine Scheidung beantragen, denn wir sind nicht dazu da, um die Leute im Dorf zu belustigen, sondern wir werden vor dem Urkundenbeamten Gütertrennung beschließen.« Er schaute sie eine Weile mit höhnischem Lächeln an. »Hast du etwas dagegen?«

»Nein, im Gegenteil; ich bin mit nichts gekommen und will mit nichts gehen, wenn es darauf ankommen sollte. Ich schenke dir sogar den Lohn, den ich als deine Magd zu beanspruchen hätte.«

Er kam näher und lehnte sich an die Tür, als wollte er ihr den Ausgang versperren.

»Bitte, lass mich jetzt gehen!«, sagte sie.

»Gleich, aber ich hätte gern noch geklärt, wer

von uns beiden eigentlich die Schuld trägt, dass es mit uns so weit gekommen ist! In dieser kurzen Zeit! Kaum ist ein halbes Jahr vergangen seit unserer Hochzeit und schon gehen wir wie Hund und Katz aufeinander los.«

»Das fragst du mich?«, fuhr sie auf. »Mich, die ich mit dem besten Willen und Liebe und Zuversicht in dieses Haus gekommen bin, trotz der vielen Warnungen, die an mich herangetragen wurden!«

»Von deiner verrückten Mutter!«

»O nein, es gab noch andere Warner. Aber ich habe keinem geglaubt, nur dir. Und jetzt stehe ich vor dem Scherbenhaufen. Du brauchst dich nicht zu wundern, dass ich dich nicht mehr liebe. Ich muss mich jetzt nur eisern in der Gewalt haben, damit ich dich nicht hasse und verfluche! Ich gebe dir meine Unterschrift für den Notar, damit du sofort die Gütertrennung vornehmen kannst; denn ich will nicht so viel, wie unter einen Fingernagel geht, von diesem Hof! Gib lieber deinem Bruder, was ihm zusteht. Aber das kannst du wohl nicht mehr, weil du schon zu viele Schulden auf den Hof geladen hast. Das Leben, das du führst, kostet viel Geld, und ich weiß nicht, welche Forderungen diese oder jene Frau an dich hat!«

»Das wirst du mir beweisen müssen!«, schrie er auffahrend.

»Beweise du erst, dass es nicht so ist!«

»Du bist wie deine Mutter! Was wird dein Vater ausgestanden haben, bis er seine Sachen gepackt hat und davongegangen ist! Das hätte ich mir besser überlegen müssen, als ich mich in dein hübsches Gesicht vergafft habe! Nicht einmal hat dein Vater versucht, sich mit deiner Mutter auszusöhnen. Nein, lieber lebt er allein und ist ein freier Mensch!«

»Meine Mutter ist wenigstens keine Ehebrecherin!«, erwiderte sie heftig. »Sie weiß, was sie ihrem Gewissen und ihrer Ehre schuldig ist. Aber du – du bist völlig charakterlos!«

Da schlug er ihr die Hand ins Gesicht.

Sie ging schweigsam an ihm vorbei und zur Tür hinaus.

Als es zu dunkeln begann, ehe Simon von der Stadt zurückkehrte, trat Martha ein paar Mal hinaus auf den Laubengang, um die Straße entlang zu schauen, auf der er mit seinem kleinen Lieferwagen heraufkommen musste. Langsam vergilbten jetzt die Blätter an den Sträuchern, aber sie waren noch dicht genug, dass man von außen nicht einen Einblick auf das Haus gehabt hätte.

Martha kehrte, nachdem sie wieder vergeblich nach dem Lieferwagen Ausschau gehalten hatte, ins Haus zurück. Ohne Licht zu machen, stieg sie die Treppe hinab, die ihr so vertraut war, dass sie blind über die Stufen hinuntergefunden hätte.

Ihr war, als sei vor einer Weile die Tür gegangen. Vielleicht aber hatte sie offen gestanden und war vom Wind zugeweht worden.

Sie betrat das Stübchen, machte Licht und sah

sich völlig überrascht Dorothee gegenüber. Sie stand zwischen Tür und Fenster in der Ecke, mit weißem Gesicht und großen Augen.

»Guten Abend, Mutter«, sagte sie.

Martha nickte nur schweigend eine Erwiderung des Grußes und zog am Fenster den Vorhang zu.

»Ich habe gehört, dass du krank gewesen bist«, fuhr die Tochter fort.

»Ja, eine kleine Herzschwäche.«

»Ich wollte nur schauen, wie es dir geht.«

»Es ist schon wieder gut.«

»Das freut mich.«

Schweigen. Martha war mit der Vorbereitung zum Abendessen beschäftigt. Sie warf eine Decke auf den Tisch und legte ein paar Bestecke auf.

»Ist der Simon noch nicht da?«, fragte die Tochter.

»Nein. Er hat heute nach Langnau geliefert, da wird es immer etwas später.«

Darauf folgte wieder ein langes Schweigen. Die Mutter bot der Tochter bis jetzt keinen Platz an.

»Kann ich dir helfen, Mutter?«

»Nein. Es ist nichts zu tun.«

»Ich hätte gern auf den Simon gewartet. Kann ich das?«

Die Mutter nickte. »Setz dich!«

Endlich! Dorothee kannte die Mutter; es dauerte lange bei ihr, bis das Eis brach. Sie fühlte, dass sie von ihr heimlich, aber genau beobachtet wurde. Vielleicht stellte sie doch einmal eine Frage.

»Mir scheint, es geht dir nicht recht gut«, sagte Martha plötzlich und strich eine Strähne ihres grauen Haares aus der Stirn.

»Wieso?«

»Siehst recht deprimiert aus.«

»Es hat jeder Mensch seine Sorgen, Mutter.«

Martha nickte. »Du hast dich verändert.«

»Wirklich?«

»Bist älter geworden, im Gesicht sehe ich Flecken. Erwartest du ein Kind?«

»Nein.«

»Dann setzt dir die Arbeit so schwer zu!«

»Ich habe immer gern gearbeitet, Mutter.«

»Dann ist es der Mann, den du ertragen musst.«

Dorothee antwortete nicht.

Martha beobachtete sie jetzt offen. »Vielleicht verstehst du jetzt, warum ich nicht zu deiner Hochzeit gegangen bin?«, fuhr sie unbarmherzig fort.

»Bitte, Mutter, reden wir nicht davon! Ich bin gekommen, um nach dir zu sehen, weil ich erfahren habe, dass du krank warst. Ich möchte mich mit dir aussöhnen und dir sagen, dass ich jederzeit für dich da bin, wenn du mich brauchst. Jetzt ist die Arbeit auf dem Hof nicht mehr so hart, und wenn sie es wäre, du gehst selbstverständlich vor.«

»Hast du deshalb so viel geweint, dass du so dicke Tränensäcke hast?«

Dorothee wurde der Antwort enthoben, weil in diesem Augenblick der Lieferwagen zu hören war. Die Mutter eilte ans Fenster und schob den Vorhang beiseite.

»Na, endlich!«, sagte sie erleichtert. »Man hört so viel von Unfällen auf den Straßen, dass ich immer in Sorge bin, wenn er nicht zur rechten Zeit daheim ist! Denn meistens zählen die besten Menschen zu den Verkehrsopfern, während die Plagegeister ihren besonderen Schutz zu haben scheinen.«

»Da hast du Recht, Mutter.«

Martha ging hinaus und Dorothee blieb allein zurück.

Sie schaute sich im Stübchen um, in dem sich nichts verändert hatte. Heimweh wollte sie beschleichen. Wie gern würde sie die Launen der Mutter und ihr verbittertes Wesen in Kauf nehmen und dazu schweigen. Wie gern würde sie wieder die Imkerei in die Hand nehmen, die Bienenvölker für den kommenden Winter versorgen!

Da kam Simon hereingestürmt, um sie mit herzlichem Händedruck zu begrüßen.

»Ich freue mich, dass du gekommen bist!«, rief er. »Gerade heute musste ich mich so verspäten!«

»Macht nichts, Simon! Inzwischen habe ich mich mit der Mutter ausgesöhnt. Wenigstens habe ich es versucht.«

Martha befand sich jetzt am Herd draußen in der Küche, wo sie das Abendessen warm gestellt hatte. Bald hörte man sie nach Simon rufen.

»Du isst doch auch mit uns?«, fragte Simon.

»Wo denkst du hin? Aber geh jetzt und lass die

Mutter nicht warten! Sie hat es nicht gern, das weiß ich noch von früher«, sagte sie lächelnd.

»Ich begleite dich nachher heim, dann können wir eine Menge erzählen«, sagte er.

»Du bist eben erst nach Hause gekommen und bist sicher müd!«, meinte sie.

»In der Nacht lass ich dich nicht allein gehen!«, antwortete er bestimmt.

Nachtgrau wölbte sich der Himmel über dem Tal, das Gewölk hatte sich so verdichtet, dass nicht ein einziger Stern zu sehen war. Ein leichter Wind war aufgekommen. Wahrscheinlich brachte er in den nächsten Tagen Regen.

Simon und Dorothee befanden sich auf dem Weg zum Randingerhof. Er hatte bereits einige Fragen gestellt, die sie nicht beantwortete.

»Es geht jetzt nicht in erster Linie um mich, Simon. Ich habe dir etwas mitzuteilen, was dich genauso angeht wie mich«, sagte sie nur.

»Da machst du mich aber sehr neugierig!«

Sie erzählte ihm von der Bekanntschaft, die sie mit dem Urlauber Karl Münch gemacht hatte. Sie verhehlte ihm nicht, dass der Mann, von dem sie eigentlich nur den Namen kannte, ihr bei jeder Gelegenheit nachgegangen zu sein schien, wenn sie an den Abenden das Haus verließ, um noch ein wenig draußen herumzugehen, weil sie die Einsamkeit nicht mehr ertragen konnte. Dieser Mann sei für sie völlig uninteressant gewesen und sie sei fest davon überzeugt gewesen, dass er von ihr ebenfalls nichts anderes und nicht mehr wollte als eine kleine Unterhaltung bei einem gemeinsamen Abendspaziergang. Nicht einmal habe er ein zudringliches Wort gebraucht, höchstens dass er ein paar Mal erwähnte, dass er hinter ihr, der hübschen jungen Frau, niemals eine hart arbeitende Bäuerin vermutet habe.

»Was geschah weiter? Ist dieser Sommergast noch immer im Ort?«, fragte er.

»Ja, er wohnt im Gasthaus. Und neulich sagte er mir plötzlich, dass mein Gesicht und meine Art ihn an einen früheren Kollegen erinnerten. Als er erfuhr, dass ich eine geborene Frey sei, gab es für ihn keinen Zweifel mehr, dass ich die Tochter jenes Kollegen sein müsste. Das würde bedeuten, dass er einmal mit unserem Vater zusammengearbeitet hat.«

Er schwieg und biss sich in die Lippen. »Wo soll das gewesen sein? Wann?«, fragte er dann.

»Er sagt, dass das schon viele Jahre zurückliegt. Später sei der Kollege nach Österreich abgewandert, seitdem habe er nie mehr etwas von ihm gehört. Aber er kann sich noch genau an seinen Namen erinnern: Matthias Frey, und ebenso ist er sicher, dass er aus dem Emmental stammte. Was sagst du nun?«

»Wahrscheinlich werde ich mir den Mann einmal ansehen und mit ihm sprechen.«

»Bitte, tu das, Simon!«

»Wie war sein Name?«

»Karl Münch.«

»Und er ist noch hier?«

»Bis gestern war er jedenfalls noch da. Aber der Mutter wollen wir vorläufig nichts davon sagen, Simon!«

Er schüttelte den Kopf. »Nein, wir wollen sie nicht erschrecken. Sie muss sehr auf ihr krankes Herz aufpassen.«

Sie stiegen hinter den dunklen Gärten hinab ins Tal.

Er war sehr nachdenklich geworden und blieb plötzlich stehen. »Und was sagt dein Mann zu dieser Bekanntschaft?«, fragte er unvermittelt. »Weiß er davon?«

»Ja, er weiß es. Es muss irgendjemand im Haus sein, der mich beobachtet und ihm alles zuträgt.«

»Die Hilde?«

»Das glaube ich nicht. Die Hilde hält zu mir.«

»Spielt Guido jetzt den eifersüchtigen Ehemann?«

»Er versucht es, aber ich sehe ihm an, dass es ein falsches Spiel ist«, erwiderte sie verdrossen.

Eine ganze Weile gingen sie schweigend und nachdenklich nebeneinander her.

»Du bist verändert, Dorothee«, begann er dann unvermittelt. »Es ist mir heute Abend sofort aufgefallen. Hat es dich so viel Überwindung gekostet, die Mutter zu besuchen?«

»Nein.«

»Habt ihr euch ausgesöhnt?«

»Ich will es hoffen, aber du weißt ja, wie die Mutter ist; sie kann schwer etwas vergessen und verzeihen.«

»Halte mich nicht für aufdringlich, aber du musst in letzter Zeit viel geweint haben, Dorothee!«

Sie blieben stehen und sie wandte ihm ihr leuchtendweißes Gesicht zu. »Woran willst du das erkennen?«

»An deinen Augenringen, an deinem Gesicht, ich weiß nicht, aber du bist ganz anders geworden. Das kommt nicht allein vom Streit mit der Mutter, auch nicht vom Heimweh nach uns, wenn du es gehabt haben solltest. Sag mir die Wahrheit, Dorothee! Ist etwas mit deinem Mann?«

Sie ging weiter und sagte lange nichts. »Du befürchtest vielleicht, er könnte in seiner leidenschaftlichen, robusten Art eine Frau überfordern und langsam zugrunde richten. Das Gegenteil ist der Fall. Es war eine kurze Zeit, in der er zu mir kam, das Glück ging bald zu Ende. Er musste plötzlich weg, blieb mehrere Tage und Nächte aus. Das wiederholte sich immer wieder. Es ist nicht mehr schwer zu erraten, welcher Art seine Geschäfte sind. Ich bin überzeugt, dass er auch anderen Frauen gegenüber Verpflichtungen hat.«

Simon hörte schweigend zu, und als sie schwieg, sagte er immer noch nichts.

»Warum sagst du nichts?«, fragte sie. »Hältst du mich für eifersüchtig und hysterisch? O nein, das bin ich nicht! Schau, Simon, ich bin ihm in den Randingerhof gefolgt, voll Hoffnung, voll Vertrauen, voll Liebe. Er war der einzige Mensch, nach dem ich mich sehnte, dem ich gehören wollte. Es war immer so kalt daheim, so still, so leer. Ich hatte immer das Gefühl, dass die Mutter mich nicht liebt; oft musste ich von ihr hören, dass ich immer mehr unserem Vater nachgeriete. Dann kam Guido und überschüttete mich mit Zärtlichkeiten. Ahnungslos und voll Vertrauen stürzte ich mich in seine Arme, weil ich meinte, endlich geliebt zu werden.«

Über den nachtgrauen, sternenlosen Himmel flog mit dumpfem Motorengeräusch ein Flugzeug mit leuchtenden Signallichtern. »Er will mir zuvorkommen und mich ehelicher Untreue bezichtigen, weil ich mich hin und wieder mit dem fremden Sommergast getroffen habe«, fuhr sie nach einer Weile fort. »Damit möchte er seinen eigenen Dreck verdecken! Ich fange an, diesen Mann zu hassen.«

»Dorothee! Das ist ja ein furchtbares Wort!«, rief er mit unterdrückter Stimme.

»Er ist schon so boshaft und brutal, wie die Leute ihn schilderten. Sein Bruder wartet immer noch auf sein Erbe, aber er wird es wohl nie bekommen, weil es nicht mehr da ist.«

»Darum sollst du dich nicht kümmern, Dorothee.«

»Er will dieser Tage unsere Gütertrennung beurkunden lassen.«

Er schaute überrascht auf. »War das so unter euch ausgemacht worden?«

»Nein.«

»Dann brauchst du deine Zustimmung nicht zu

geben, Dorothee! Und allein kann er nichts unternehmen.«

Sie schüttelte den Kopf. »Ich will aber, dass er es tut. Bis jetzt hätte ich mich dagegen gewehrt, aber jetzt nicht mehr.«

»Warum nicht mehr?«

»Er hat mich geschlagen!«

Abermals blieb er stehen und hielt sie zurück. Empört schaute er sie an.

»Bitte, sag der Mutter nichts davon!«, fuhr sie fort. »Sie würde sich wahrscheinlich sogar freuen.«

»Unsinn!«, zürnte er. »Warum hat er dich geschlagen?«

»Er muss doch meine Bekanntschaft mit dem Fremden dramatisieren!«

Lange gingen sie schweigend nebeneinander her.

»In diesem Fall rate ich dir, zu uns zurückzukehren, Dorothee!«, sagte er dann. »Komm wieder heim! Kein Mensch im Ort wird dir das verübeln. Guido Randinger ist nicht beliebt!«

Sie schüttelte heftig den Kopf. »Das werde ich nie tun, Simon! Ich bleibe, wo ich bin, und ich werde mich verteidigen. Es gab Zeiten, wo ich mich vor ihm gefürchtet habe, aber diese Zeiten sind vorbei. Die Liebe ist tot, jetzt lebt nur noch der Hass.«

»Ich werde mit ihm sprechen, Dorothee, ich werde ihn zur Rechenschaft ziehen! Das bin ich dir als dein Bruder schuldig!«

»Das mache ich ganz allein. Heute ist er wieder

auswärts, aber sobald er heimkommt, werde ich Herrn Münch bitten, für mich auszusagen. Ich fürchte weder seine Schläge noch die Gütertrennung. Er hat mich zur Magd degradiert und dafür will ich mich an ihm rächen. Du brauchst mich nicht so ängstlich anzuschauen, Simon, ich laufe nicht davon, aber ich mache ihm alles schwer, was er sich so schön ausgedacht hat.«

Er ging mit ihr noch bis vor die Tür des Gehöftes, das von nächtlicher Stille und Dunkelheit umgeben war.

Sie hielt den Finger vor den Mund und gebot ihm Schweigen.

Er nahm sie in die Arme. »Du hast immer noch mich, vergiss das nicht!«, flüsterte er.

Sie machte sich sanft von ihm frei und ging ins Haus.

Wenige Tage später kam Guido Randinger von seiner angeblichen Geschäftsreise heim. Es war noch Tag, so dass er am gemeinsamen Abendessen teilnahm.

Als es dunkel wurde, stahl Dorothee sich vom Haus weg und ging auf das Dorf zu. Sie trat in den breiten Gang des Wirtshauses und ging zur Küche, wo die Wirtin mit ein paar Angestellten bei der Arbeit war.

Dorothee bat, Herrn Münch, den Feriengast, herbeizuholen, weil sie ihm etwas Wichtiges mitzuteilen habe.

Wenn auch die Wirtin etwas verwundert war,

denn wie sollte man sich einen Reim darauf machen können, was die Bäuerin vom Randingerhof mit ihrem Gast zu schaffen hätte, teilte sie ihr doch ruhig mit, dass Herr Münch gestern abgereist sei.

Einen Augenblick war Dorothee verblüfft, aber dann dankte sie lächelnd und ging langsam heim.

Zur Stunde des Feierabends herrschte reges Leben auf den Straßen der Stadt. Ein Auto folgte dem anderen, ihre Lichter geisterten über die Kreuzungen und verloren sich nach allen Seiten bis hinaus zu den Ausfallstraßen. Ebenso lebhaft ging es auf den Gehsteigen zu, auch hier drängten sich die Menschen, die ihre Arbeitsplätze verlassen hatten und auf dem Heimweg waren.

Und unter diesen Menschen befand sich auch der Imker Simon Frey aus dem Emmental. Er hatte einem seiner besten Kunden Honig geliefert und nach Erledigung des Geschäftes sich noch ein wenig in der Stadt umgesehen und einige Einkäufe gemacht. Nun wollte er in einem netten Weinlokal für seine leiblichen Bedürfnisse sorgen.

Es war ein Lokal, das immer gut besucht war und die Gäste kaum zu fassen vermochte, weshalb der Besitzer die darüber liegende Etage auch noch hatte ausbauen lassen. Die beiden Lokale waren durch eine breite Treppe miteinander verbunden.

Da unten kein freier Platz mehr zu finden war, begab Simon sich in die obere Etage. Hier gab es sogar noch einige freie Tische, wenn auch nicht an den Fenstern, durch die man auf die lebhafte Straße hinabschauen konnte.

Simon setzte sich und gab der Bedienung seine Bestellung auf. Er betrachtete die Menschen, die um ihn herumsaßen, er hörte auf die Musik, die leise aus einem Lautsprecher an der Wand ertönte.

Eigentlich hätte er ja auch gleich heimfahren können, aber es war geradezu erholsam, wenn er wieder einmal unter Menschen sein konnte und das pulsierende Leben der Stadt spürte.

Er nahm einen Imbiss zu sich, trank herben Wein dazu und ließ seinen Gedanken freien Lauf.

Gäste gingen, neue kamen, einen Augenblick sah man sich an, ohne besondere Notiz voneinander zu nehmen.

Und dann durchfuhr ihn ein Schrecken, dass er für ein paar Sekunden den Atem anhalten musste; denn eben hatten vorn am Fenster, wo ein Tisch leer geworden war, neue Gäste Platz genommen: Zwei Damen und zwei Herren, offenbar Liebespaare, denn jedes Paar hielt sich eng umschlungen.

Die Bedienung, die sie zu kennen schien, stellte jetzt den Lautsprecher mit der leisen Musik ab, ging an die Musikbox und ließ dafür ein paar wilde Stücke vom Stapel, gesungen von tiefen Frauenstimmen.

Dann kam Wein auf jenen Tisch. Die Bedienung ließ sich bei der Gesellschaft nieder und kümmerte sich nicht mehr um die anderen Gäste.

Das besorgte jetzt ein anderes, noch sehr junges Mädchen.

Das Gelächter tönte zu ihm herüber. Die meisten Gäste verließen das Lokal, wohl weil es ihnen zu laut wurde. Von der Musikbox her grölte Schlagermusik, die fünf Menschen am Fenstertisch lärmten und lachten.

Simon bezahlte seine Zeche und ließ dabei die Gesellschaft nicht aus den Augen. Besonders einem galt seine ganze Aufmerksamkeit, seinem Schwager Guido Randinger, der ungeniert den Arm um eine der Frauen legte und sie immer wieder an sich zog. Offenbar war er schon stark angetrunken.

Und so ein Mensch wagte es, seine Schwester Dorothee zu beleidigen und zu schlagen, nur weil sie ihn zur Ordnung ermahnen wollte?

Simon stand auf, holte seinen Hut vom Regal, näherte sich der Musikbox, stellte sie ab und ging dann auf den Tisch zu.

Guido bot ihm den Rücken. Aber die plötzliche Stille ließ ihn aufhorchen. Wer hatte hier die Stirn, einfach den Musikapparat abzustellen? Er rumpelte in die Höhe, wandte sich um und sah sich seinem Schwager gegenüber, der hinter ihm stand, die Augen finster zusammengekniffen, die Fäuste zornig geballt.

»Du bist ja ein schöner Herr, du!«, knurrte er. »Das sind also die Geschäfte, denen du nachzugehen hast, während deine Frau und deine Leute sich mit der Arbeit abschinden! Du schämst dich nicht, herumzustreunen, dich vollzusaufen und Orgien zu feiern?«

»Nimm dich in Acht, du elender Schnüffler, sonst verkünde ich laut und öffentlich, von welcher Sorte deine Schwester ist, die sich mir an den Hals geworfen hat!«

Die anderen hörten schweigend zu und sahen nicht ohne Sorge in das Gesicht des jungen Mannes aus dem Emmental, der bereits die Beherrschung zu verlieren schien.

»Ich hätte dir längst nachgehen sollen, die Leute sprechen es ja laut genug aus, wer du bist. Aber was als Schandkerl geboren wurde, wird sich nie ändern!«

»Das darfst du deiner scheinheiligen Schwester vorhalten! Sie tröstet sich wunderbar mit den Fremden, die zu uns ins Dorf kommen.«

»Das wagst du zu behaupten?«

»Ich kann es sogar beweisen! Gelt, jetzt verschlägt es dir die Sprache! Von uns geht jeder seiner Wege und dich geht es einen nassen Dreck an! Verschwinde!«

Im gleichen Augenblick sauste Simons Faust gegen sein Gesicht und streckte ihn mit einem Schlag nieder. Laut schlug sein Körper gegen den Boden.

»Polizei!«, rief eine Stimme.

Aber Simon entfernte sich langsam.

»He, du! Wir sind Todfeinde! Hörst du?«, lallte Guido Randinger und hielt die Hand vor seinen blutenden Mund.

Simon ging die Treppe hinab und trat auf die nächtliche Straße.

Dorothee saß allein in der Stube unter der Lampe. Sie versuchte ein neues Strickmuster, das ihr auf den ersten Anhieb noch nicht gelingen wollte, weshalb sie es immer wieder auflöste.

Sie wusste nicht, wie spät es schon war, als nach kurzem Klopfen die Tür aufging und ihr Bruder hereinkam.

»Simon! Wo kommst du plötzlich her?«, rief sie erfreut und legte die Handarbeit beiseite.

»Aus der Stadt«, antwortete er.

Es fiel ihr zunächst gar nicht auf, wie grimmig er dreinschaute.

»Nimm Platz! Magst du etwas trinken?«

»Danke. Ich habe nur kurz mit dir zu reden, dann gehe ich wieder.«

Jetzt fiel ihr etwas im Ton seiner Stimme auf. Sie blickte fragend zu ihm auf. »Ist etwas passiert? Vielleicht gar mit der Mutter?«

»Pack deine Sachen und komm wieder mit heim, Dorothee!«

Sie schaute ihn bestürzt an. »Ich verstehe dich nicht, Simon! Was soll das bedeuten?«

Jetzt erzählte er ihr, zu welchen Auseinandersetzungen es heute zwischen ihm und Guido gekommen war, als er ihn in zweifelhafter Gesellschaft gesehen hatte.

»Ich konnte mich nicht mehr beherrschen und habe ihn zusammengeschlagen. Darauf hat er mich seinen Todfeind genannt«, schloss Simon seinen Bericht. »Ich kann nichts mehr für dich tun, Dorothee, darum habe ich gemeint, du sollst dich von ihm trennen und mit mir heimkommen.«

Sie hatte sich erhoben und wanderte schweigend in der Stube hin und her. Dann blieb sie vor ihm stehen.

»Nein!«, sagte sie schließlich entschlossen. »Diese Genugtuung gönne ich der Mutter nicht! Was du mir da erzählt hast, kann mich nicht erschüttern. Ich habe es schon lange geahnt, dass es Weibergeschichten sind, die uns getrennt haben. Ich muss mich dafür nicht schämen, Simon, deshalb brauche ich nicht zu fliehen. Aber ich will dabei sein, wenn ihm das Dach über dem Kopf zusammenstürzt. Zu fürchten habe ich nichts, denn mir gehört nichts davon. Aber meine Schadenfreude werde ich haben.«

»Dorothee, denk nicht an Rache! Du hast immer noch ein Daheim! Komm, geh mit mir zur Mutter! Kein Mensch im Dorf wird es dir verübeln; jeder hat Verständnis dafür!«

»Nein! Und dabei bleibt es. Die Mutter wird triumphieren und das könnte ich noch schwerer ertragen als die Schikanen durch meinen Mann.«

»Du bist verrückt!«

»Hoffentlich nicht, Simon! Vielleicht bringe ich eines Tages meinen Mann um und kann nicht einmal zur Verantwortung gezogen werden, weil ich geistig nicht zurechnungsfähig bin. Oder er tötet mich, um eine stumme Mahnerin los zu werden, und weiß ebenfalls nicht, was er tut.«

Sie deutete auf den Schreibtisch. »Dort liegen einige Briefe vom Anwalt. Niemand öffnet sie, aber ich meine, sie bringen bereits das Ende.«

»Ich verstehe dich nicht, Dorothee!«

»Achim hat nicht einmal sein Erbe bekommen. Guido hat es verprasst. Er ist noch schlimmer dran als ich, denn ich habe ja nichts zu beanspruchen. Seit ich mit Guido verheiratet bin, und das ist kaum ein halbes Jahr, hat er schon den dritten Wagen, und jedes Mal wurde er noch größer und teurer. Daher kommen die Löcher im Viehbestand. Vielleicht sind sogar schon einige Grundstücke abgeschrieben worden, das weiß ich nicht. Es gibt droben ein großes Waldstück, lauter schlagbares Hochholz, Fichten, Föhren und Eichen. Der Wald gehört zum Randingerhof. Wie lange noch, das weiß ich nicht. In letzter Zeit hat der Bauer sich sehr darum gekümmert und öfter danach geschaut. Wahrscheinlich sieht er darin seine Rettung, wenigstens im Augenblick. Es wird im Herbst kaum auffallen, wenn plötzlich eine Anzahl Holzfäller kommt und Stämme schlägt.«

»Dorothee! Pack deine Sachen und komm mit!«

»Nein. Gib dir keine Mühe, Simon! Ich habe schon gesagt, ich ertrage den Triumph der Mutter nicht!«

»Unsinn! Wenn du schon deinen Mann hasst –«

»Ja, ich hasse ihn. Das Letzte, was ich noch

besaß, hat er mir zertrümmert und zertreten: die Hoffnung. Er behauptet, in meiner Verklemmtheit durch meine böse Mutter würde ich nie schwanger werden können. Unsere Ehe sei also nur eine Scheinehe und könne nie etwas anderes werden. Dieser gemeine Schuft!«

»Und wie lange willst du diese Beleidigungen noch ertragen?«, fragte er und trat ihr in den Weg.

Sie schaute ihn mit flackernden Augen an. »Solange, bis es ihm selbst zur Qual wird. Ich will ihn leiden sehen!«

Er wurde ernstlich böse. »Ich will aber, dass du ein Ende machst und mit mir heimkommst, und zwar auf der Stelle!«

»Nie! Wüsste ich, wo Vater sich aufhält, vielleicht ginge ich zu ihm, obwohl er der gleiche Schuft war. Oder war er kein Schuft, Simon? Sprich! Sag, was du denkst!«

Er schüttelte verzweifelt den Kopf.

»Ich bin ins Wirtshaus gegangen und wollte den Fremden bitten, vor meinem Mann auszusagen, dass zwischen uns nicht das Geringste vorgefallen ist, was er in seiner schmutzigen Gesinnung so gern gewünscht hätte, um eine Handhabe gegen mich zu haben. Der Fremde ist leider nicht mehr da, er ist abgereist und ich weiß nicht einmal, wohin. Es steht mir nicht zu, danach zu fragen, und es gäbe einen Dorftratsch wie kaum zuvor. Für meinen Mann wäre es Wasser auf die Mühle.«

Sie packte ihn plötzlich bei den Armen. »Aber

du könntest das tun, Simon! Du kannst dich im Gasthof erkundigen, woher er gekommen ist. Ich muss es wissen, er ist mein einziger Zeuge und der einzige Mensch, der mit unserem Vater in Verbindung stand und den ich kenne. Vielleicht wäre es ihm möglich, nach ihm zu forschen.«

»Dorothee! Du benimmst dich wie verrückt! Was willst du denn? Der Vater hat uns verlassen, bevor wir ihn richtig kannten. Es geht jetzt um dich, um deine Zukunft, um dein Glück!«

»Glück!«, höhnte sie. »Es gibt kein Glück, Simon! Man bildet es sich nur ein, und wenn man aufwacht, sieht man nur Scherben!«

»Aber schlagen soll dich dieser Unmensch nicht mehr! Bitte, sag es mir, was weiter geschieht! Du kannst zu jeder Zeit heimkommen zu uns. Die Mutter freut sich!«

»Was du da sagst, ist fast zu schön, um wahr zu sein, Simon!«

»Du bist meine Schwester, Dorothee! Ich weiß keinen Menschen, den ich lieber hätte als dich!«

Sie lächelte wehmütig. »Der wird eines Tages kommen und da wünsche ich dir heute schon viel, viel Glück.«

Als Simon wieder einmal an einem Abend in den Randingerhof kam, brachte er seinen Freund Peter Schirmer mit, der seinen Urlaub im Emmental verbringen wollte. Als Assistent im Kriminalamt in München machte er einen flotten, gewandten Eindruck, obwohl er in seiner Bescheidenheit behauptete, beruflich nur ein ganz kleiner Mann zu sein, um den man kein Aufhebens machen solle. Er freue sich, wieder einmal mit seinem Freund zusammen sein zu können.

Da an diesem Abend Guido Randinger gerade zu Hause war, ließ er sich nicht lumpen und holte die besten Tröpfchen aus dem Keller und bot sie den beiden Freunden großzügig an, wobei er wohl das meiste von dem guten alten Wein selbst trank.

Peter Schirmer nahm die Gastfreundschaft des Bauern gern an. Man unterhielt sich ausgezeichnet, aber nebenbei beobachtete Schirmer eingehend die junge Frau und konnte sich nicht genug über ihre Selbstbeherrschung wundern. Er wusste von Simon, wie schlecht es ihr ging, aber sie ließ sich nichts anmerken und beteiligte sich munter an den Gesprächen.

Zwei Wochen blieb Peter Schirmer im Emmental, und bevor er abreiste, kam Simon in den Randingerhof, um den Bauern zu bitten, der Dorothee ein paar Tage frei zu geben, damit sie bei der Mutter bleibe und nach den Bienen sehe; denn er wollte den Freund heimbegleiten und ein paar Tage bei dessen Familie verbringen.

Der Bauer sagte, dass die Arbeit auf dem Hof in dieser Zeit die Bäuerin entbehrlich mache, Dorothee könne also gern ein paar Tage zu ihrer Mutter heimkehren.

Seine dunklen Augen funkelten. »Ich sammle nicht gern glühende Kohlen auf mein Haupt,

Simon. Sollte unsere Feindschaft dadurch ein Ende finden, nichts wäre mir lieber. Dann soll alles vergessen und verziehen sein!«

Er streckte dem Schwager die Hand hin.

»Du weißt, um was es geht und was sich zwischen uns geschoben hat. Ich halte dir gern meinen Rücken hin, damit du mir den Schlag zurückgeben kannst, wenn du endlich das Versprechen deiner Frau gegenüber hältst.«

So kam es, dass Dorothee für ein paar Tage zur Mutter heimkehrte, sich geschickt der Bienenvölker annahm und nebenbei auch noch die Mutter bei der Hausarbeit unterstützte, die ihr seit ihrer Krankheit etwas schwer geworden war.

Zuerst sprachen sie nur das Notwendigste miteinander, allmählich wurde es aber besser, als beide sich bemühten, die Entfremdung zu beseitigen und sich auch ihre Gedanken mitzuteilen. Dass es Dorothee in ihrer Ehe nicht gut ging, war ja kein Geheimnis mehr, sie konnten offen darüber miteinander sprechen.

»Es war ein gutes Jahr heuer und Simon musste sich ehrlich plagen, um alles schaffen zu können«, sagte einmal die Mutter. »Man darf ihm ein paar Tage Urlaub gönnen. Und du bist doch auch ganz gern wieder einmal daheim! Wie?«

»Sehr gern, Mutter!«

Simon hatte im Gasthaus die Adresse des Fremden erfragt, der mit seinem Vater vor mehreren Jahren zusammengearbeitet haben wollte. Peter hatte ihm den Rat gegeben, den Mann aufzusuchen und mit ihm zu sprechen, er wollte ihm sogar dabei behilflich sein den Aufenthaltsort herauszufinden.

So kam es, dass die beiden Freunde die Grenze überschritten, aber dann leider feststellen mussten, dass die Adresse des Gastes, wie er sie dem Wirt angegeben hatte, nicht stimmte.

»Ich habe es beinahe befürchtet!«, sagte Peter und machte ein kluges Gesicht. »Ich halte ihn für einen Mann ohne festen Wohnsitz, für ein käufliches Subjekt, dem jede Art von Auftrag willkommen ist, der ein bisschen was einbringt.«

»Was wollen wir da jetzt machen?«

»Wir werden ihn suchen und auch finden. Ich vermute ihn in Langnau.«

»In Langnau?«, staunte Simon.

»Ich bin zwar nur ein erbärmlicher Anfänger in der Kriminalistik, trotzdem glaube ich, die Zusammenhänge zu ahnen. Du kommst jetzt mit mir heim zu meinen Leuten. In ein paar Tagen haben wir über das Amt die Gewissheit. Und dann kannst du mit dem Mann sprechen.«

Und so war es auch: In ein paar Tagen war die Adresse Karl Münchs festgestellt. Er wohnte nicht in Langnau selbst, sondern in einem benachbarten kleinen Ort. Sein Leben fristete er durch allerlei Gelegenheitsarbeiten, besonders durch solche, bei denen er sich nicht anstrengen musste. Er ließ sich, da er sehr klug war, als Winkeladvokat beschäftigen. Am Abend trieb er sich in den Lokalen und Kneipen der Stadt herum, wo ihm diese Aufträge ganz von selbst zufielen.

Das alles hatte Peter Schirmer über die Zentrale erfahren können. Und jetzt stellte sich die Frage, ob Karl Münch ein Gauner war und sich strafbarer Handlungen schuldig machte, die verfolgt werden mussten.

Er bewohnte ein ordentliches Zimmer, das er pünktlich bezahlte. Er galt als ein ruhiger Mieter, der selten einmal einen Rausch heimtrug oder sonstigen Spektakel machte. Er wurde von Kunden besucht, denen er gegen Barzahlung in ihren Anliegen zu helfen versuchte, da er eine spitze Feder besaß. Aber was er tat, war nichts, was gegen die Gesetze verstieß.

Es gelang Simon, Karl Münch in seinem »Büro« anzutreffen. Er verzog lächelnd den Mund, als er erfuhr, woher der Besucher kam, denn er hatte die schönsten Erinnerungen an den Ort.

Noch mehr freute er sich, als Simon sich ihm als Bruder der Bäuerin vom Randingerhof vorstellte.

Damit war auch das Stichwort gefallen.

»Meine Schwester hat mir erzählt, dass Sie mit unserem Vater zusammengearbeitet hätten. Sie können sich vorstellen, was diese Nachricht für uns bedeutet, da wir nie etwas von unserem Vater gehört haben.«

»Ich kann Ihnen leider keine Hinweise geben, denn auch ich habe nie mehr etwas von Ihrem

Vater gehört – das heißt, ich habe überhaupt nie etwas mit ihm zu tun gehabt. Ich kenne ihn gar nicht.«

Simon horchte auf. »Was heißt das?«

Der Mann lächelte verlegen und kritzelte auf dem Papier herum, das er vor sich liegen hatte. »Dass ich Ihren Vater weder gekannt noch jemals gesehen habe.«

Simon fiel aus allen Wolken. »Wie kommen Sie dann dazu, meiner Schwester ein solches Märchen aufzubinden?«

»Es geschah in einem gewissen Auftrag, mit dem ich in Ihren Ort geschickt wurde.«

»Das verstehe ich nicht!«

»Sie werden es gleich verstehen, wenn Sie mich aussprechen lassen.«

»Bitte, dann reden Sie!«

»Es ging um einen Anknüpfungspunkt«, begann der Mann und richtete seine Blicke zum Fenster, vor dem das Geäst eines Baumes im Herbstwind schaukelte. »Mein Auftrag lautete, mich an die junge Bäuerin vom Randingerhof heranzumachen, und zwar so, als könnte sich zwischen uns so etwas wie ein Verhältnis anspinnen. Man hatte mir ein völlig falsches Bild von der jungen Frau gezeichnet; denn als ich ihr zum ersten Mal begegnete, wusste ich schon, dass ich meinen Auftrag nie erfüllen könnte. Das Einzige war die Lüge über mein Zusammentreffen mit ihrem Vater. Ich verzichtete auf jede weitere Ausführung meines Auftrages, denn zu solchen Gemeinheiten lasse ich mich nicht herab. Wäre die junge Frau das Luder gewesen, als das sie mir geschildert wurde, ja, dann hätte ich's gemacht, aber so nicht, so nicht! Darum bin ich über Nacht abgereist.«

Eine Weile war Totenstille im Raum.

»Den Auftraggeber brauche ich Ihnen wohl nicht zu nennen?«, fragte jetzt der Mann.

»Nein.«

»Er wollte etwas gegen sie in der Hand haben, falls sie ihn eines Tages wegen seines unsoliden Lebens zur Rechenschaft ziehen sollte. Grüßen Sie Ihre Schwester von mir, aber lassen Sie sie in dem Glauben, ich hätte einmal Ihren Vater gekannt! Ich habe gespürt, dass es ihr viel bedeutete.«

Das große Waldgebiet, das zum Randingerhof gehörte, ragte wie eine dunkle Krone von der Höhe gegen den Himmel. Das Gehölz bestand aus schlagbarem Hochwald und heranwachsendem Niederwald. Nur war es all die Jahre, seit der alte Randinger tot war, arg vernachlässigt worden. Die Windbrüche an den Flanken waren zu lange liegen geblieben, das Holz fing an zu faulen und der Borkenkäfer fiel ein. Große Flächen mussten deshalb leider abgeholzt und als billiges Brennholz verkauft werden.

Trotzdem blieb noch ein großes Waldstück stehen, das einen bedeutenden Wert darstellte. Und darauf besann sich Guido Randinger, als er von seiner Kreditanstalt zu sehr bedrängt wurde und sein Viehbestand nicht noch weiter eingeschränkt werden konnte.

Noch nie hatte Guido Randinger solchen Tatendrang entwickelt wie jetzt, da es um die Aufteilung seines Waldbesitzes ging. Eine ganze Anzahl von Käufern hatte sich gemeldet, sie waren nicht nur an den schlagbaren Hochhölzern interessiert, sondern auch an den Jung- und Niederwäldern, deren Wert sich noch steigern würde.

Es war ein schamloses Feilschen, ein Frevel an der Natur; denn ein Wald wuchs nicht nach wie gemähtes Gras; es verging ein Menschenalter, bis er wieder seine Schatten über die Höhe warf.

Täglich führte der junge Bauer vom Randingerhof immer wieder neue Interessenten hinauf zu seinem Wald. Er versuchte, seine Haut möglichst teuer zu verkaufen. Und niemand war da, der dieser Zerstörung der Natur hätte Einhalt gebieten können. Die junge Bäuerin war entrechtet, sie hatte am Besitz ihres Mannes keinen Anteil mehr.

Was aber sagte sein Bruder Achim dazu? Er hatte immer noch sein Erbteil zu fordern. Er schien nichts davon zu wissen, sonst hätte er durch einen Anwalt sicher schon längst Protest einlegen lassen. Vielleicht hatte er sogar damit gerechnet, sich durch den Waldbesitz entschädigen zu können.

Als der Randinger einmal vom Wald zurückkam, begegnete er dem Simon. Er deutete durch einen freundlichen Gruß die Versöhnung an, zu der es zwischen ihnen ja wieder gekommen war.

Aber Simon war keineswegs zu einem friedlichen Wortwechsel bereit. »Ich habe mit dir ein ganz ernstes Wort zu sprechen, Guido«, sagte er. »Und es ist mir lieber hier, wo uns niemand hört. Du bist doch der gemeinste Kerl, der mir je begegnet ist!«

»Halt! Halt!«, ging der Bauer sofort hoch. »Was soll nun das wieder heißen? Ist es vielleicht nicht mein gutes Recht, endlich einmal Ordnung in meinen Wald zu bringen?«

»Was geht mich dein Wald an und womit du deinem Bruder sein Erbteil ausbezahlst. Er wird sich selbst darum kümmern.«

»Eben! Was willst du also von mir?«

»Rechenschaft wegen meiner Schwester.«

»Ach, dich stört wohl die Gütertrennung? Das ist reine Formsache.«

»Aber es ist keine Formsache, wenn du einen fremden Mann auf sie hetzt, um eine Handhabe gegen sie zu haben, falls sie dich wegen ehelicher Untreue anklagt. Du brauchst kein so scheinheiliges Gesicht zu machen, denn ich weiß es von dem Mann selbst, den du damit beauftragt hast. Er hat sich selbst geschämt und aus dem Staub gemacht, obwohl er nicht gerade zu den Feinfühligen zählt. Du wirst dich für deine Gemeinheit in aller Form bei Dorothee entschuldigen.«

»Ich sehe keine Veranlassung dazu.«

»Wenn du es nicht tust, werde ich dich wegen Betrugversuchs verklagen! Außerdem hole ich die Dorothee zurück in unser Haus. Ich lasse dir drei Tage Zeit.«

»Hol sie doch zurück! Ich hab andere Sorgen.«

»Das wirst du bereuen!«

»Ich bereue nichts, als dass ich mich je von ihr herumbringen ließ.«

Simon bebte am ganzen Körper. Er hatte es nicht für möglich gehalten, dass ein Mensch so gemein sprechen konnte. Was mochte die Dorothee in dieser Zeit mitgemacht haben? Wie hatte sie es nur ertragen können?

Aber etwas musste jetzt geschehen.

»Merk dir jetzt genau, was ich dir sage, Guido«, begann er dann. »Du bist der gemeinste Mensch, der mir je begegnet ist. Gutmachen kannst du nichts mehr, denn für das, was du getan hast, gibt es keine Entschuldigung. Alles, was getan werden kann, ist, den Hass nicht noch weiter zu schüren, denn sonst käme es zu einem Ende mit Schrecken. Deshalb fordere ich von dir, dass du dich zur vollen Wahrheit bekennst und die Ehre meiner Schwester wiederherstellst.«

»Willst du mir drohen?«, spöttelte der Bauer.

»Wenn du weiter meine Schwester demütigst, drangsalierst oder gar schlägst, weiß ich nicht, was geschieht!«

»Misch dich nur ja nicht in unsere Familie ein! Es könnte dir nicht gut bekommen, Simon!«

»Was gehört dir denn noch, wenn du schon anfängst, deine Wälder abzuholzen? Bevor du verarmst, hole ich die Dorothee heim. Sie ist nicht schuld an diesem Ruin, aber dein leichtfertiges, arbeitsscheues Leben, deine Vergnügungssucht, die vielen Frauenbekanntschaften, das alles hat dein Anwesen nicht verkraftet!«

»Red nicht über Dinge, die dich nichts angehen!«, schrie jetzt der Bauer.

»Du kannst meinetwegen zugrunde gehen, mir geht es nur um die Dorothee, die du mit hineinreißt in das Elend.«

»Und gerade sie ist schuld an allem!«, begehrte der Bauer auf. »Eine Frau, die sich dem Mann verweigert, treibt ihn anderen in die Arme!«

»Das ist nicht wahr! Sie hat dich geliebt, aber du konntest dich nicht von deinen früheren Verhältnissen befreien. Du wolltest es auch gar nicht! Die Dorothee war dir eine billige Magd und sonst nichts!«

»Sie war eine von deiner hysterischen Mutter beeinflusste Frau, voller Hemmungen, verklemmt und anormal! Meine Ehe mit ihr war eine Pleite. Hol sie nur zurück! Ich halte sie nicht!«

Er ging weiter.

»Ich warne dich, Randinger! Noch hast du viel gutzumachen! Wir haben jetzt Herbst, die Nächte werden länger und die Tage kürzer. Es kann etwas im Dunkeln geschehen, woran wir beide nicht denken!«

Sepp, Randingers Knecht, kam aus dem Holz und tappte nach dem Weg. Niemand konnte sagen, wie lange er unter den Bäumen gestanden und wie viel er von dem Streit mitangehört hatte.

»Sepp!«, rief der Bauer ihn an. »Warte! Ich komme mit!«

Simon schaute ihnen nach, bis sie von der Dunkelheit verschlungen wurden. Er musste heute noch mit der Mutter reden; die Dorothee musste heimgeholt werden. Mochten die Leute im Dorf darüber reden und urteilen, was sie wollten.

So durfte es nicht weitergehen, wenn nicht eines Tages ein schweres Verbrechen geschehen sollte.

Vielleicht hätte sich doch noch etwas retten lassen, wenn Guido Randinger nicht schon zu weit abgeglitten gewesen wäre. In seinem Hochmut glaubte er noch immer, Herr der Lage zu sein, auch wenn es manchmal schien, als gäbe es keinen Ausweg mehr.

Nun aber forderte er sein Schicksal heraus, indem er auf dem nächtlichen Heimweg einen Plan entwarf, mit dem er alle seine Widersacher vor den Kopf zu stoßen hoffte.

Der Plan, den er jetzt ausheckte, beschäftigte ihn so sehr, dass er fast den ganzen Heimweg schweigend neben seinem Knecht herging.

Erst kurz bevor sie ankamen, sagte er so nebenbei: »Es kann schon sein, dass es auf dem Randingerhof bald eine Änderung geben wird, Sepp. Der Bäuerin gefällt es nicht, sie kann sich nicht eingewöhnen. Was tut man da?«

Der Knecht zuckte die Schulter, als wollte er sagen, da ist guter Rat teuer.

»Es streckt sich jeder nach der Decke«, fuhr der Bauer gleichmütig fort. »Ich kann sie nicht festhalten und anbinden wie ein Kalb im Stall. Außerdem bin ich davon überzeugt, dass ihre Natur für eine Mutterschaft nicht veranlagt ist; das würde bedeuten, dass der Randingerhof ohne Nachkommen bleibt.«

Er seufzte. So, das wäre gesagt. Morgen wussten es die Dienstboten und sie würden auf seiner Seite stehen, wenn er ihren Lohn um ein paar Mark erhöhte.

»Natürlich werde ich dafür sorgen, dass an Stelle der Bäuerin bald eine andere Arbeitskraft kommt. Es soll keiner von euch etwas davon zu spüren bekommen.«

In der Stube brannte Licht. Die Hoflampe warf ihren Schein bis hinüber zum Stall. Kalt blies der Wind um die Ecke und trieb das abgefallene Laub vor sich her.

Er betrat die Stube. Dorothee stand am Tisch, den sie eben zum Essen herrichtete. Aber Guido beachtete sie kaum, weil er im selben Augenblick bemerkte, dass noch jemand im Raum war.

Achim …

»Was willst denn du hier?«, fragte Guido, warf den Hut auf das Fensterbrett und versuchte, die schweren Schuhe von den Füßen zu streifen, was ihm nicht gelingen wollte.

»Das wirst du gleich hören«, antwortete Achim.

Dorothee ging aus der Stube, ohne dass jemand sie aufzuhalten versuchte. Der Streit zwischen den Brüdern ging sie nichts an, obwohl sie im Inneren bereits die Partei Achims ergriff. Er wurde von seinem Bruder betrogen und entrechtet.

»Du lässt im Wald Holz schlagen?«, fragte Achim.

»Ich lasse nur die Windbrüche aufarbeiten, damit der Borkenkäfer nicht einfällt!«

Achim schaute ihn ins Gesicht. Man merkte, dass er ihm nicht glaubte. »Ich möchte dich nur an die Verfügung des Gerichtes erinnern. Nachdem vom Hof nichts mehr zu holen ist, steckt mein Erbteil in den Wäldern.«

»Ich weiß es.«

»Die Auszahlung ist noch nicht geregelt.«

»Natürlich nicht.«

»Darum lass deine Finger von dem Wald! Es könnte dir schlecht bekommen!«

»Wer hat dir denn zugetragen, dass wir zur Zeit im Wald arbeiten?«

»Niemand. Aber ich habe selbst Augen im Kopf und wollte dich nur vor dummen Einfällen warnen, falls dir das Wasser wieder einmal bis zum Hals reichen sollte!«

Die Tür fiel ins Schloss, Achim hatte das Haus verlassen.

Als Dorothee später hereinkam und das Essen auf den Tisch stellte, ging Guido langsam auf sie zu. Seine Augen traten aus den Höhlen heraus, sein Gesicht wechselte die Farbe.

Im gleichen Augenblick spürte sie auch schon einen Schlag ins Gesicht, dass ihr die Augen tränten. »Du bist es gewesen, natürlich du! Hast du ihn zu deinem Bundesgenossen erkoren? Gegen mich, deinen eigenen Mann?«

Schweigend ging sie hinaus.

Hilde, die Hausangestellte, trug das Essen auf. Dorothee ließ sich an diesem Abend nicht mehr sehen.

»Hoffentlich geht sie jetzt bald davon«, höhnte er.

Hilde warf ihm einen vernichtenden Blick zu. »Deinen Bruder hast du aus dem Haus verjagt, jetzt kommt deine Frau dran.«

»Raus!«

Hilde ging.

Die Bienenvölker waren eingewintert. Mit dichten Strohmatten waren die Wände verhängt, damit der raue Nordwind nicht eindringen konnte. Mit Zucker- und Honiglösung wurden sie jetzt von Simon gefüttert.

Martha hatte sich von ihrer Herzschwäche wieder recht gut erholt. Simon hatte alle Aufregungen von ihr ferngehalten, so gut es ging.

Aber jetzt spitzten sich die Dinge so zu, dass er doch mit ihr darüber sprechen musste. Er hatte geglaubt, seine Schwester ganz genau zu kennen, in ihrem Temperament, in allen ihren Gefühlsregungen, in allen Entschlüssen, zu denen sie fähig war. Er war überzeugt, dass sie Guido Randinger aus ganzem Herzen geliebt hatte, schon deshalb, weil er sie herausgeholt hatte aus dem trostlosen Zusammenleben mit der Mutter, die mit sich selbst Krieg führte. Sie hatte alle Hoffnung auf

Guido Randinger gesetzt und war glücklich gewesen wie nie zuvor in ihrem Leben.

Und darauf folgte die bittere Enttäuschung. Sie war nicht seine Frau geworden, sondern seine Magd. Nur nach außen hin präsentierte sie die Bäuerin, damit jeder glaubte, dass im Randingerhof alles in schönster Ordnung sei.

Aber nicht einmal in den Augen der Angestellten, die zu ihrem Bauern hielten, galt sie als Bäuerin.

Diese Tatsachen standen ihm jetzt deutlich vor Augen. Ihre Liebe war zu Hass geworden.

Wozu aber war sie in ihrem Hass fähig? Sie ließ alles schweigend über sich ergehen und gerade darin sah Simon die Gefahr. Er musste mit der Mutter sprechen. Dorothee musste heimkommen, bevor es zu spät war.

An einem dieser herbstlichen Abende, an dem es früh zu dunkeln begann, weil sich schwere Wolken hinter den bewaldeten Hügeln heraufschoben, trug die Mutter etwas früher das Nachtessen auf. Man konnte draußen nichts mehr tun.

Schweigend wie immer wurde gegessen. Martha räumte darauf den Tisch ab und trug das Geschirr in die Küche.

Sie setzte sich zu ihrem Sohn ins Stübchen.

»Was wolltest du mir sagen?«, fragte sie in das Schweigen.

»Woher weißt du, dass ich dir etwas zu sagen habe?«, wunderte er sich.

»Ich sehe es dir den ganzen Abend schon an.

Wahrscheinlich geht es um die Dorothee. Was ist mit ihr?«

Er schaute sie mit offenen Augen an. »Es geht ihr sehr schlecht, Mutter.«

»Wer nicht hören will, muss fühlen! Wie habe ich vor dieser Heirat gewarnt!«

»Das ist alles recht und schön, Mutter, aber damit ist ihr nicht geholfen. Ich möchte sie zu uns zurückholen.«

Martha starrte ihn verständnislos an. »Zurückholen? Sie soll ihren Mann verlassen?«

»Jawohl, dazu ist es sogar höchste Zeit!«

»Wieso?«

»Du weißt noch nicht, dass die beiden Gütertrennung beurkundet haben.«

»Nicht schlecht! Dann braucht sie wenigstens nicht für seine Schulden aufkommen.«

»Sie wird von ihm geschlagen und behandelt wie die letzte Magd.«

»Das habe ich ihr prophezeit, aber sie hat mir ja nicht geglaubt. Hatte sie nicht das Beispiel ihrer eigenen Eltern vor Augen? Hat sie nicht gesehen und erlebt, was ich unter einer zerbrochenen Ehe zu leiden hatte?«

»Bitte, Mutter, zieh doch keine Vergleiche! Der Vater hat dir nichts genommen von dem, was euch beiden gehörte durch die Heirat!«, erwiderte er.

»Das hätte er auch noch tun sollen!«, höhnte sie.

»Er hat dich nicht geschlagen! Bitte, sag die Wahrheit, Mutter!«

»Nein«, gestand sie.

»Der Vater war Stuckateur. Was hätte er hier in diesem Ort in seinem Beruf erreichen können? Er konnte sich nicht umstellen, deshalb ging er in die Welt hinaus. Er wollte in seinem Beruf arbeiten und Geld verdienen. Im Winter wäre er zurückgekommen und im Frühjahr wieder ausgeflogen wie ein Zugvogel.«

Er schaute der Mutter fest in die Augen.

»Ist das deine Meinung, die du dir von deinem Vater gebildet hast?«

»Ja.«

»Dann tust du mir Leid! Dein Vater war kein Mensch, der Familienleben wollte. Er wusste, dass ich ein Haus besaß, das wollte er verkaufen und das Tal verlassen. So ist das, mein Sohn. Und dass ihr Kinder im Emmental zuhause seid, das habt ihr mir zu verdanken. Euer Vater hat sich nicht einmal mehr um euch gekümmert. Ich will nicht, dass ihr ihn hasst, aber er verdient nicht, dass man überhaupt über ihn spricht. Darum jetzt Schluss damit!«

»Aber mit der Dorothee muss etwas geschehen, Mutter«, wechselte Simon das Thema. »Der Randinger ist ein übler Charakter. Er bringt nicht nur seine Frau, sondern auch seinen Bruder um alle Rechte. Dass er sie schlägt, kann ich ihm nicht mehr verzeihen. Ich hole sie heim und rechne mit deinem Einverständnis.«

Sie nickte ihm ihr Einverständnis zu.

Vielleicht wäre es Simon nicht geglückt, seine Schwester heimzuholen, wenn nicht plötzlich besondere Umstände eingetreten wären. Dorothee war ein Mensch, der sehr auf das äußerliche Ansehen hielt. Ginge es nach ihr allein, würde nie jemand im Dorf erfahren, welch schlechte Ehe sie führte. Das sollte niemand wissen. Oft lief sie mit Spuren von den Misshandlungen ihres Mannes herum. Aber sie leugnete es, sie wollte von der Öffentlichkeit nicht bedauert sein.

Allein ihrem Bruder gestand sie es ein und einmal bekannte sie ihm, dass sie, sobald sie davon überzeugt sei, dass es sich im Gefängnis leichter lebe als im Randingerhof, ein Gefangenenleben vorziehe.

Simon war hellhörig genug, um die Umschreibung zu verstehen.

Als er in den Randingerhof ging, um sie mit Sack und Pack heimzuholen, lehnte sie es entrüstet ab. Er versicherte ihr, dass es auch der Wunsch der Mutter sei, die nicht mehr davon reden wolle, dass sie gegen ihren Willen die unglückliche Ehe eingegangen sei.

»Ich bin die Bäuerin vom Randingerhof. Was auch sein mag, ich gehöre in dieses Haus und zu diesem Mann, wie ich es am Traualtar versprochen habe!«, widersprach sie. »Mein Leben ist zerstört, das ist meine Schuld, deshalb will ich von keinem Menschen bedauert werden.«

Es half nichts. Dorothee schickte ihren Bruder unverrichteter Dinge heim.

Aber wenige Tage später geschah es dann: Guido kam an einem Abend früher heim als sonst, nachdem er den Tag in der Stadt verbracht hatte. In seiner Begleitung befand sich eine jüngere Frau. Da es schon zu dämmern anfing, vermochte Dorothee zunächst nur so viel von ihr zu sehen, dass sie aufreizend gekleidet war. Als sie den Mantel aufschlug, kamen lange Beine zum Vorschein, denn ihr Rock war sehr kurz. Die Bluse betonte die üppigen Formen ihres Oberkörpers. Das dunkle Haar war kurz geschnitten und stellte sich wie unter Windstößen in die Höhe.

Neben Dorothee stand die Hilde. Sie konnten die fremde Frau nur im Scheinwerferlicht des Autos sehen.

»Was soll das wieder bedeuten?«, frage die Haushälterin.

Dorothee schwieg.

»Gar eine neue Angestellte?«

Dorothee schüttelte den Kopf. »Nein, Hilde. Aber das geht nicht dich etwas an, sondern mich! Es kommt eine neue Frau ins Haus. Mein Bruder wollte mich heimholen, ich habe es abgelehnt. Er wusste wohl, wie weit der Bauer in seiner Gemeinheit gehen konnte. Ich habe es ihm nicht geglaubt. Jetzt aber werde ich das Haus verlassen.«

»Niemals, Bäuerin! Das Recht ist auf deiner Seite; du bist seine angetraute Frau!«

»Danach fragt ein Guido Randinger nicht, Hilde. Die Frau, die er jetzt mitgebracht hat, ist seine Geliebte und niemand kann von mir verlangen, dass ich mit ihr unter demselben Dach wohne.«

»Die Leute werden es ihm schwer ankreiden!«

»Ach, die Leute! Denen wird er sagen, dass er eine Angestellte ins Haus nehmen musste, weil seine Frau ihn verlassen habe. Und damit liegt alle Schuld abermals auf mir. So geschickt kann Guido Randinger lügen. Und ich habe ihm dabei sogar noch geholfen. Niemand hat je erfahren, wie brutal er mich geschlagen hat. Ich bin mit nichts in dieses Haus gekommen und kann es mit nichts verlassen. Dir, Hilde, danke ich für deine Aufrichtigkeit und Treue zu mir!«

Die Haushälterin konnte nichts sagen, so wurde sie von Tränen gewürgt.

Die Fremde saß mit ihm am Tisch. Sie hatte rot geschminkte Lippen und Wangen und dichte schwarze Wimpern.

»Ruf die Bäuerin!«, befahl der Bauer.

»Die Bäuerin ist nicht mehr im Haus«, antwortete Hilde.

»Schon weg? Sie hat es aber eilig gehabt! Von jetzt ab hat hier im Haus diese Frau das Sagen, verstanden Hilde?«

Ohne eine Antwort zu geben, ging Hilde aus der Stube. Er rumpelte in die Höhe und wollte sie zurückhalten, aber die Fremde hielt ihn fest.

Noch am gleichen Abend traf Dorothee daheim ein.

»Bist da?«, fragte die Mutter nicht unfreundlich. Mehr sagte sie nicht.

»Ich möchte hier bleiben, Mutter, wenn du's erlaubst.«

Martha nickte. »Man muss den Männern zeigen, dass man nicht auf sie angewiesen ist. Es gibt Arbeit genug für dich. Und kommt er auf den Knien angekrochen – du kehrst nicht zu ihm zurück! Ich weiß, es ist dir schlecht gegangen, er hat dich nicht nur entrechtet, sondern sogar geschlagen. Das weiß man bereits im Dorf. Dich trifft keine Schuld.«

Mit ihrem Bruder sprach Dorothee deutlicher; sie schlich sich zu nächtlicher Stunde in seine Kammer. Ihm musste sie sagen, dass Guido sie so sehr gedemütigt hatte, dass er eine fremde Frau ins Haus gebracht hatte.

»Ich habe viel ausgehalten, ich habe mich von ihm schlagen und drangsalieren lassen, aber das ist zu viel, Simon! Eine solche Verachtung kann ich nicht ertragen. Die Mutter weiß es nicht und wir wollen sie damit verschonen, gelt? Aber dich bitte ich um deinen Schutz vor mir selbst, Simon. Du siehst nicht in mich hinein, du weißt nichts von meinen bösen Wünschen. Wenn eine Sternschnuppe vom Himmel fällt, wünsche ich, dass sie in den Randingerhof stürzen möchte. O nein, ich denke nicht an Brandstiftung! Aber manchmal kommen mir noch viel schlimmere Gedanken.«

Sie warf plötzlich aufschluchzend ihre Arme um ihn. »Simon, ich habe Angst! Bitte, hilf mir!«

»Es kann dir nichts mehr geschehen, Dorothee. Geh ruhig ins Bett. Es sind nur die Nerven, die mit dir durchgehen.«

Es dauerte lange, bis er sie so weit beruhigt hatte, dass sie in ihre Kammer zurückschlich.

Simon stand mit geballten Fäusten da. Er wusste, wovor Dorothee sich in erster Linie fürchtete. Vor sich selbst. Sie fürchtete, in ihrer Verzweiflung etwas zu tun, was sich nie mehr gutmachen ließ.

Wollte sie gar Hand an sich selbst legen? Ihr Leben war zerstört. Es gab keine Zukunft für sie.

Schuld daran war Guido Randinger.

Simon beschloss, sie scharf zu beobachten. Sie durfte keinen Schritt ohne sein Wissen gehen. Im Augenblick war sie seelisch krank. Sie musste zuerst einmal gesund werden.

Als Dorothee einmal zur Dämmerstunde in der Laube die Wäsche abnahm, die dort den Tag über zum Trocknen aufgehängt gewesen war, sah sie auf der schmalen Straße Guido mit jener fremden Frau vorbeigehen. Sie stiegen hinauf zum Gehölz und beide schämten sich nicht, sich umschlungen zu halten wie ein Liebespaar.

Freilich, um diese Zeit begegnete ihnen niemand mehr und wie sollten sie denken, dass ihnen eine unglückliche betrogene Frau zuschaute?

Als Martha später zum Abendessen rief, kam nur Simon, von Dorothee war nichts zu sehen. Man suchte im ganzen Haus nach ihr, aber sie war nicht da.

»Hast du sie denn ins Dorf geschickt?«, fragte Simon.

»Nein. Sie hat auch nicht gesagt, dass sie weggehen wollte. Auf dem Balkon steht noch der Korb mit der Wäsche, die sie von der Leine genommen hat.«

Simon ging um das Haus, er schaute in den Bienenhäusern nach und rief laut nach ihr. Aber er hatte keinen Erfolg.

»Ob sie zum Randinger zurückgekehrt ist?«, überlegte die Mutter.

»Das glaube ich nicht!«

»In den letzten Tagen war sie so verschlossen. Man hat gesehen, dass etwas in ihr vorgeht, so, als hätte sie einen Plan gefasst. Ich habe fast Angst!«

»Ich suche weiter und gehe nachher auch ins Dorf hinunter, vielleicht hat dort jemand sie gesehen. Ich muss sie finden!«, sagte Simon.

Während er auf der Suche war, schaute Martha in den Schrank ihrer Tochter. Es war alles da, was sie an Kleidern besaß. Nur der Mantel und die gestrickte Mütze fehlten.

Ob sie Geld besaß und mitgenommen hatte?

Das wusste Martha nicht, aber sie hatte auf einmal eine schreckliche Angst.

Wie es nun wirklich zugegangen war, dass Guido Randinger mit blutendem Schädel an jener Stelle lag, wo der Weg in den Wald einmündete, dort, unter den beiden jungen Birken, das wusste niemand. Die einzige Zeugin war seine attraktive Wirtschafterin, aber auch sie war zu weit entfernt gewesen, um als Augenzeugin gelten zu können. Was sie vor der Polizei aussagen konnte, war recht dürftig.

Sie war mit dem Bauern aus dem Wald gekommen, wo sie die Holzschläge besichtigt hatten, und waren auf dem Heimweg, weil es bereits dunkel wurde.

Da stand plötzlich eine Frau vor ihnen, als hätte sie hier auf sie gewartet.

»Was willst du?«, hatte der Bauer sie mit rauer Stimme gefragt.

»Mit dir sprechen«, war ihre kühle Antwort.

»Dann sprich!«, antwortete der Bauer. »Vor dieser Frau da brauchst du kein Blatt vor den Mund zu nehmen. Sie ist jetzt meine Wirtschafterin auf dem Hof.«

»Was ich dir zu sagen habe, geht sie nichts an.«

Endlich bequemte der Bauer sich dazu seine Begleiterin fortzuschicken, dann war er mit der Frau zu den Birken gegangen.

Die Wirtschafterin ging langsam weiter und blieb dann stehen, um auf den Bauern zu warten. Sie hörte hin und wieder laut streitende Stimmen, konnte aber nichts verstehen. Dann wurde es still. Die Wirtschafterin nahm an, dass die Auseinandersetzung zu Ende sei, und schaute den Weg hinauf, auf den Bauern wartend.

Aber es kam niemand. Nach einer Weile wurde sie unruhig. Der Mond war hinter den bewaldeten Hügeln heraufgekommen. Weiß und kalt fiel sein Licht auf die Landschaft.

Die Wirtschafterin rief laut nach dem Bauern, aber es kam nur das Echo ihrer eigenen Stimme.

Da hatte sie plötzlich Angst und ging zurück. Im Mondlicht leuchteten ihr die Rinden der beiden jungen Birken schneeweiß entgegen.

Und gleich daneben lag ein Mensch am Boden, ohne sich zu bewegen. Sie beugte sich zu ihm hinab und erschauerte, als plötzlich ein Röcheln zu hören war.

Sie erkannte sofort den Bauern, der mit blutigem Schädel vor ihr lag. Sie eilte in den Ort, um Hilfe herbeizuholen, und verständigte durch das Telefon den Arzt und die Polizei. In aller Eile wurde der Verletzte in das nächste Krankenhaus gebracht, aber ohne das Bewusstsein noch einmal erlangt zu haben, starb er schon auf dem Transport.

Die Polizei musste sich an die Aussagen der Wirtschafterin halten und ihr Verdacht richtete sich gegen seine von ihm getrennt lebende Frau Dorothee, obwohl es Stimmen gab, die bezweifelten, dass eine Frau die Kraft hatte, einen solchen Schlag zu führen, durch den der Schädel förmlich zertrümmert worden war.

Martha schaute nicht wenig erschrocken drein, als spät in der Nacht ein Polizist bei ihr anklopfte und mit ihr sprechen wollte. Simon war noch nicht zurück und so musste sie allein dem Polizisten Rede und Antwort stehen.

Die Fragen, die er stellte, bereiteten ihr nicht wenig Aufregung. Sie musste dem Mann sagen, warum die Tochter sich von ihrem Mann getrennt hatte und heimgekehrt war. Er wollte genau wissen, ob ihre Tochter gegen ihren Mann Hass- oder Rachegefühle gehegt hatte.

»Wann ging sie denn am Abend vom Haus weg?«

Genau wusste Martha das nicht. Sie erinnerte sich nur noch daran, dass sie zur Dämmerung die Wäsche von der Laube geholt hatte und gleich darauf verschwunden gewesen sei. »Mein Sohn machte sich sofort auf die Suche.«

»Warum denn? Hatte er denn Angst, sie könnte etwas anstellen?«, fragte er.

»Sie war in letzter Zeit so sonderbar und so schweigsam, als bereite sich in ihr etwas vor.«

Der Mann schaute sie mit seltsamen Blicken an.

»Sie hat sich doch nichts angetan?«

Der Polizist schüttelte den Kopf. »Guido Randinger wurde erschlagen aufgefunden.«

Aus dem Gesicht der Frau entwich der letzte Tropfen Blut.

»Nein! Das hat sie bestimmt nicht getan!«, rief sie. »Das weiß ich bestimmt, so sehr er sie auch gequält und gedemütigt hat! Sie ist doch nur eine Frau! Wie soll sie ihn erschlagen können!«

»Wir wissen vorläufig gar nichts, Frau Frey, und halten uns an die Aussage seiner Wirtschafterin, wonach eine Frau, deren Beschreibung auf Ihre Tochter passt, ihn um eine Unterredung unter vier Augen gebeten hat.«

»Und da ist es geschehen?«

»Wir nehmen es an; denn die Wirtschafterin fand ihn in seinem Blut auf.«

»Seine Wirtschafterin?«, höhnte Martha. »Sagen Sie doch seine Geliebte!«

Auf der Suche nach seiner Schwester kam Simon endlich ins Dorf. Im Gasthaus schien es hoch herzugehen. Aus einem offenen Fenster kam aufgeregtes Stimmengewirr. Er stockte, als er daran vorübergehen wollte, denn da fiel gerade der Name seiner Schwester. Was er vernahm, ließ ihn den Atem anhalten – der Randinger erschlagen – die Dorothee sollte es gewesen sein …

Entschlossen betrat er das Haus und riss die Tür zur Gaststube auf. Entsetzte Gesichter sahen ihn an, jedes Gerede verstummte.

»Nein, Leute! Die Dorothee war es nicht! Es verhält sich ganz anders! Nicht sie, sondern ich habe es getan, ich! Ich habe ihm den Weg verstellt, um ihn zur Rechenschaft zu ziehen für das, was er meiner Schwester angetan hat dadurch, dass er sich seine Geliebte ins Haus geholt hat. Er bedrohte mich mit den Fäusten, ich ergriff einen Holzknüppel, um mich zu wehren, und schlug zu. Dass der Schlag tödlich war, habe ich nicht geahnt, sonst hätte ich ihn nicht liegen lassen. Als ich fortgegangen bin, hat er noch auf meine Schwester und mich geflucht.«

Es war so still in der Gaststube, dass man eine Nadel zu Boden hätte fallen hören können.

»Ich stelle mich jetzt der Polizei«, sagte Simon.

In dem grauen, kahlen Raum, an dessen Wänden nur ein paar alte Kupferstiche hingen, geschichtliche Darstellungen aus bewegten Zeiten, saß Simon Frey dem Richter gegenüber und erzählte die unselige Geschichte, die ihn das erste Mal mit der Strafgesetzordnung in Berührung brachte. Nur hin und wieder unterbrach Amtmann Jeremis mit einer Frage seine Ausführungen.

Nach der Schilderung Simons war Folgendes geschehen:

Als seine Schwester Dorothee an jenem Abend auf unerklärliche Weise plötzlich verschwunden war, seien er und seine Mutter von einer großen Unruhe befallen worden, denn Dorothee hatte sich in letzter Zeit sonderbar benommen, war mit ihren Gedanken immer ganz woanders, sodass sie beide befürchtet hätten, sie könnte sich in ihrer schwermütigen Verfassung etwas antun.

Auf der Suche nach seiner Schwester, berichtete Simon weiter, sei er auch zu der Stelle gekommen, wo die Birken stehen. Lautes Reden hätte ihn angelockt. Er hätte beim Näherkommen die Stimme seiner Schwester erkannt und hätte gehört, wie sie vom Randinger gedemütigt und beleidigt worden war. Inzwischen sei er bei den Birken angelangt gewesen und hätte seinen Schwager zur Rechenschaft ziehen wollen. Der hätte sich aber mit erhobenen Fäusten gleich auf ihn gestürzt, so dass er in Notwehr einen herumliegenden Knüppel ergriffen und auf den Bauern eingeschlagen hätte. Der Randinger sei gestürzt, hätte aber geflucht, so dass er nicht angenommen hatte, der Schlag sei tödlich gewesen. Er hätte sich um den am Boden Liegenden auch nicht weiter gekümmert, da er seiner Schwester nachgeeilt sei, ohne sie allerdings einholen zu können. Wohin sie gelaufen sei, wisse er nicht, jedenfalls sei sie nicht nach Hause geflüchtet. Denn als er dort angekommen sei, hätte er durchs Fenster die Mutter allein in der Stube hocken sehen und er hätte sich dann weiter auf die Suche gemacht, ohne erst mit der Mutter zu sprechen.

Bis zur völligen Aufklärung des Falles durch weitere Nachforschungen und Zeugenaussagen wurde Simon Frey in Haft genommen. Seine Schwester Dorothee, die vom Erdboden verschwunden war, wurde per Ausschreibung im polizeilichen Fahndungsblatt gesucht.

Und Martha saß allein daheim, musste noch einige Verhöre über sich ergehen lassen und brach dann zusammen. Die Gemeindeschwester schaute mehrere Male am Tag nach ihr und versorgte sie.

Aber was sollte aus den Bienen werden? Wenige Tage hielten sie noch durch, weil Simon sie noch eingefüttert hatte.

Da erhielt die Polizei per Fernschreiber die Meldung, dass Dorothee Randinger beim Grenzübergang nach Österreich festgenommen worden sei und sich auf dem Rücktransport befinde.

Als sie vom Untersuchungsrichter dann aber von der Tat ihres Bruders hörte, erschrak sie bis in ihr tiefstes Inneres.

»Nein! Das hat er nicht getan! Er kann es nicht getan haben!«, rief sie.

»Aber wir haben bereits sein Geständnis«, erwiderte der Beamte. »Das Gericht wird darüber zu entscheiden haben, ob es Totschlag oder Notwehr war.«

»Kann ich meinen Bruder sprechen?«, fragte sie.

Es wurde ihr erlaubt. In einem kalten Raum, wo es nur einen Tisch gab und ein paar Stühle, wartete sie auf ihn. Er kam in Begleitung eines Wärters, der in einer Ecke Platz nahm.

»Simon!«, schluchzte sie und warf sich in seine Arme.

»Mädel, Mädel! Wo hast du nur gesteckt?«, sagte er und streichelte sie beruhigend.

»Ich weiß nicht, was mit mir war. Nach der Auseinandersetzung mit Guido bin ich fortgelaufen und habe nicht mehr an dich und Mutter gedacht. Mich hatte plötzlich eine solche Sehnsucht nach Vater gepackt, dass ich einfach davon gerannt bin in der Hoffnung, ihn irgendwo zu finden. Es war, als wäre ich nicht mehr ich selbst, alles tat ich wie unter einem Zwang.«

»Hauptsache ist, dass du wieder da bist, Dorothee! Geh heim zur Mutter, sie braucht dich dringend. Denk an die Bienen!«

»Und du?«

»Niemand kann seinem Schicksal ausweichen, Dorothee. Jetzt geh und kümmere dich um die Mutter.«

»Aber du hast den Guido –«

»Über die Tat darf nicht gesprochen werden!«, fiel der Wärter ihr ins Wort. »Die Besuchszeit ist außerdem zu Ende.«

Noch einmal umarmten sich die Geschwister. Dann öffnete der Wärter die Tür und führte Simon ab.

Der Blick Dorothees war tränenverschleiert, als sie das Haus verließ. So nahm sie auch den Mann nur undeutlich wahr, der sich ihr näherte. Erst als er ihr die Hand auf die Schulter legte, erkannte sie, wer es war. Peter Schirmer! Der treue Freund ihres Bruders.

Erneut brach sie in Tränen aus.

»Aber beruhigen Sie sich doch!«, sagte er.

»Wissen Sie denn nicht, was passiert ist?«, schluchzte sie.

»Natürlich weiß ich es, deswegen bin ich doch hier!«

»Mein Bruder ist kein Mörder!«

»Das kann ich mir auch nicht vorstellen. Ich werde alles tun, was in meinen Kräften steht, um ihm zu helfen.«

»Aber warum sperrt man ihn dann ein?«

»Das ist nur vorübergehend, bis alles genau geklärt ist. Aber nun kommen Sie erst einmal mit mir, Sie müssen einen Happen essen. Ich kenne ganz in der Nähe ein Lokal, wo wir ungestört miteinander reden können.«

Wie gut es tat, dass sich jemand um sie kümmerte! Dorothee nickte schweigend und ging mit Peter Schirmer davon.

Als Dorothee in ihr Heimatdorf zurückkehrte, war Guido Randinger schon beerdigt, sie wurde also einer Pflicht enthoben, die sie ihre letzte Kraft und Überwindung gekostet hätte, nur um den Schein nach außen zu wahren. Aber das wäre wirklich nicht nötig gewesen, denn die Bevölkerung wusste, wie es in dieser Ehe ausgesehen hatte, und jene, die an Dorothees Schuld glaubten, ließen sich an den Fingern einer Hand abzählen.

Um den Randingerhof kümmerte sich jetzt der Achim.

Die neue Wirtschafterin, die sein Bruder eingestellt hatte, warf er schon am ersten Tag hinaus. Mit der Dorothee, als der Witwe seines Bruders, würde er sich schon einigen.

Dorothee aber kümmerte sich weder um den Randingerhof noch um seine Bewohner. Sie war nicht mehr Bäuerin vom Randingerhof, sie war es schon nicht mehr gewesen, als der Bauer noch lebte.

Und sie hatte jetzt ganz andere Sorgen. Warum hatte ihr Bruder das getan? War es wirklich Notwehr gewesen? Oder hatte er gehört, wie Guido sie zum Schluss noch gedemütigt und geschlagen hatte? Hatte er sie rächen wollen?

Dann wäre es ja Mord gewesen!

Sie hatte die Mutter daheim in einem bedauernswerten Zustand angetroffen. Im ersten Augenblick hatte sie geglaubt, von ihr gar nicht erkannt zu werden. Mit hohlen Augen schaute sie ihr ins Gesicht, bleich und eingefallen, als litte sie unter einer schweren Krankheit.

»Ich komme vom Simon, Mutter«, sagte Dorothee.

»Es ist furchtbar!«, war ihre kurze Antwort. »Komm herein!«

Dann saßen sie im Stübchen und Dorothee konnte sich nicht genug über den Verfall und die Kraftlosigkeit der Mutter wundern. Bei Licht sah deren Gesicht fahl und durchsichtig aus.

»Glaubst du, dass er es getan hat?«, fragte die Mutter.

»Nein.«

»Warum stellt er sich dann der Polizei und klagt sich selbst an?«

»Man spricht von Notwehr, Mutter.«

»Aber bei Notwehr müsste er doch straffrei ausgehen?«, fragte die Mutter und drückte die Hand gegen die Herzgegend.

»Ist dir nicht gut?«

»Manchmal fährt es mir wie ein Stich hier in die Brust.«

»Du darfst dich nicht zu sehr aufregen. Ich bleibe bei dir!«

Darauf gab es ein langes Schweigen.

»Weißt du, dass mir der Gedanke kam, dass du deinen Mann erschlagen haben könntest?«

Dorothee wurde weiß im Gesicht. Sie starrte die Mutter an, als hätte sie eine Wahnsinnige vor sich.

»Wie kommst du nur auf einen solchen Gedanken, Mutter?«

»Warum bist du geflohen, sodass die Polizei nach dir fahnden musste?«

»Nicht aus Angst.«

»Sondern?«

»Ich wusste, dass ich mit diesem Mann nicht mehr zusammenkommen konnte. Er sollte mich an diesem Tag das letzte Mal beleidigt und geschlagen haben. Ich wollte hinüber nach Österreich.«

Martha schüttelte verständnislos den Kopf.

»Warum soll ich nicht die Wahrheit sagen, Mutter?«, begann Dorothee wieder, ohne die Mutter anzusehen. »Ich hatte die Hoffnung, ich könnte Vater finden. Vielleicht wäre es nur eine neue, bittere Enttäuschung geworden, aber die Hoffnung war da.«

»Dorothee!«, rief Martha entsetzt. Abermals drückte sie die Hand gegen ihr Herz.

»Du wolltest die Wahrheit wissen, Mutter.«

Martha erhob sich und ging mühsam durch das Stübchen.

»Ich tu dir doch nicht weh, Mutter?«

»Nein, nein, sprich nur weiter. Das habe ich alles überwunden. Ich fühle mich nur nicht ganz wohl und meine große Sorge ist der Simon.«

»Komm, Mutter, ich bringe dich ins Bett. Es soll alles wieder so sein wie früher, als Simon seine Militärzeit abdiente. Was dazwischen liegt, wollen wir nicht mehr erwähnen. Du bleibst im Haus, ich kümmere mich um die Bienen. Fangen wir wieder von vorne an, Mutter!«

Sie legte die Arme um die Mutter und weinte sich an ihrer Brust aus.

Allmählich legte sich im Dorf die Aufregung, die Randingers Tod hervorgerufen hatte. Eigentlich bedauerte niemand sein unseliges Ende, denn er war bei seinen Mitbürgern unbeliebt gewesen, schon wegen seiner groben Art, vor allem aber lastete man ihm an, wie er mit seinem Bruder umgegangen war, den er um sein Zuhause und um alle Rechte hatte bringen wollen.

Jeder sah es gern, dass an seiner Stelle jetzt der Achim die zerrüttete Wirtschaft aufzurichten versuchte.

Ob es ihm wohl gelang, die Finanzen noch einmal unter Kontrolle zu bringen?

Dorothee konnte ihm dabei nicht viel helfen, sie wollte es auch nicht. Sie war wieder zu ihrer Mutter heimgekehrt. Man hatte gehört, welches Höllenleben sie im Randingerhof geführt hatte. Niemand hätte sich gewundert, wenn sie in ihrer Verzweiflung Hand an ihren Mann gelegt hätte.

Da die Polizei allen Spuren nachzugehen hatte, auch den unscheinbarsten, hatte auch noch der Feriengast Karl Münch auszusagen, dass er von Guido Randinger beauftragt war, seine Bäuerin in Situationen zu bringen, die an ihrer ehelichen Treue zweifeln ließen. Er wurde sogar dafür bezahlt. Aber es war alles anders gekommen. Karl Münch hatte in der jungen Frau einen ganz anderen Menschen vorgefunden, als der ihm geschildert worden war, einen unglücklichen, betrogenen Menschen. Deshalb zog er sich zurück und verschwand aus dem Ort.

Wie so etwas durchsickerte, wusste niemand. Aber einer erzählte es dem anderen.

Die einzige Sorge galt Simon Frey und niemand bezweifelte, dass er in Notwehr gehandelt hatte. Aber solange die Untersuchung nicht abgeschlossen war, blieb er in Haft.

Weder Dorothee noch ihre Mutter kümmerten sich um die öffentliche Meinung. Sie blieben in ihrem Haus und verrichteten ihre Arbeit.

Eines Tages fand Dorothee die Mutter in der Stube am Boden liegend in tiefer Ohnmacht. Sie plagte sich, bis sie die Kranke ins Bett geschafft hatte, dann bemühte sie sich um sie mit allerlei Belebungsmitteln, bis sie sich erholte und endlich die Augen aufschlug.

»Bleib ruhig liegen, Mutter; ich sorge dafür, dass gleich der Arzt kommt.«

Aber die Mutter lehnte es ab. »Es geht schon wieder.«

»Hast du das schon einmal gehabt, Mutter?«

»Ja, einmal.«

»Aber dann muss doch etwas geschehen! Wir brauchen einen Arzt!«

»Nein, Kind, bleib bei mir! Lass mich nicht allein! Ich fürchte mich«, bat die Kranke und versuchte sich aufzurichten. »Horch! Es muss jemand an der Tür sein!«

Wie sonderbar die Mutter wurde. »Ich habe nichts gehört!«

»Schau nach! Vielleicht ist's der Simon!«

»Mutter! Was redest du da!«

»Geh! Es ist jemand an der Tür, ich spür es!«

Da ging Dorothee zur Tür, nur um der Mutter den Wunsch zu erfüllen.

Die Mutter hatte sich nicht getäuscht, denn es stand wirklich jemand an ihrer Tür. Achim, ihr Schwager.

»Kann ich mit dir ein paar Worte sprechen, Dorothee?«, fragte er fast schüchtern.

»Komm mit in die Stube!«

Sie führte ihn in die Wohnstube und machte Licht. »Nimm inzwischen Platz; ich bin gleich wieder da«, forderte sie ihn auf und deutete auf einen Stuhl. Dann kehrte sie zur Schlafkammer der Mutter zurück.

»Es ist der Achim«, erklärte sie. »Er möchte etwas mit mir besprechen. Ich meine, es ist gut, dass er gekommen ist, er kann den Arzt herbringen.«

»Es geht mir schon wieder besser«, beruhigte die Mutter sie.

»Trotzdem muss etwas getan werden!«

Dann saß sie ihrem Schwager gegenüber.

»Was wolltest du mir sagen, Achim?«

»Du bist immer noch die Bäuerin, Dorothee! Warum kommst du nun nicht zurück?«

»Nein, Achim, ich war nie die Bäuerin vom Randingerhof und bin es heute erst recht nicht mehr! Ich bin mit nichts gekommen und mit nichts gegangen. Oder weißt du nicht, dass wir in Gütertrennung lebten? Ich habe weder vom Vermögen etwas zu fordern noch für die Schulden aufzukommen. Ich war nicht mehr als eine Magd im Randingerhof. Der gesetzliche Erbe bist du, Achim! Und du wirst den Hof bestimmt wieder aufrichten. Ich bleibe hier!«

»Das verstehe ich nicht!«

»Ich verzichte auf alle Rechte, die mir vielleicht durch diese Heirat zustehen, Achim. Aber jetzt etwas anderes. Ich habe eine Bitte an dich: Geh ins Dorf und hol den Arzt. Die Mutter ist sehr krank, ich kann sie nicht allein lassen!«

»Das mache ich gern und ich breche sofort auf.«

»Ich danke dir, Achim! Wir beide haben uns nichts vorzuwerfen. Ich wünsche dir alles Gute!«

Der Arzt machte ein sehr bedenkliches Gesicht, nachdem er die Kranke untersucht hatte. Er ließ Dorothee nicht im Zweifel, dass sie mit dem Schlimmsten rechnen müsste.

Er versuchte, mit ein paar Einspritzungen den Kreislauf der Kranken anzuregen, blieb bei ihr sitzen, bis endlich der Puls wieder spürbar war. Dann versprach er Dorothee, gleich am nächsten Morgen wieder zu kommen und nachzuschauen.

Die ganze Nacht saß Dorothee bei der kranken

Mutter, wachte über ihren Atem und über ihren Puls. Sie trocknete den kalten Schweiß von ihrer Stirn und ahnte nicht, dass es bereits Todesschweiß war.

»Wenn du einen Wunsch hast, Mutter, dann sag es mir!«, bat sie, wenn ihre Augen beschwörend auf ihr lagen. Aber es kam keine Antwort, vielleicht war sie zu schwach, um überhaupt sprechen zu können.

Die Zeit verstrich so langsam, als wollte diese Nacht nie mehr vorbeigehen.

Wie versprochen, kam der Arzt gleich am folgenden Morgen wieder, musste jedoch erklären, dass hier seine Kunst nichts mehr retten könnte. Auf die Bitte Dorothees wollte er den Pfarrer verständigen.

Aber Martha war bereits in das Reich der Toten eingetreten, als der Geistliche kam.

Als dann Dorothee mit der Toten allein war und in ihrer Verlassenheit und Hilflosigkeit weder Rat noch Trost wusste, weinte sie nach ihrem Bruder, der immer noch in Untersuchungshaft war und ihr nicht beistehen konnte. Ihr Haus lag einsam da.

Dorothee lief völlig apathisch im Haus herum, sperrte sich in ihr Schlafzimmer ein und fürchtete sich vor jedem Schritt, den sie im Haus zu hören glaubte.

Dann geschah das Wunder, an das sie nicht zu glauben wagte: Es gab noch Menschen, die sich um sie kümmerten.

Jemand klopfte an die Tür. Sie wagte kaum zu öffnen, und erst als sie die Stimme erkannte, schob sie den Riegel zurück.

Draußen stand Peter Schirmer.

Er wusste noch nichts vom Tod ihrer Mutter und erschrak, als er sie in Trauerkleidung sah. Er war wegen ganz anderer Dinge gekommen. Nun aber sah er, dass er sich ihrer annehmen musste.

Die Mutter war bereits eingesargt, denn anderen Tages sollte das Begräbnis stattfinden. Kerzen brannten neben ihrer Bahre.

»Es tut mir so Leid, Dorothee«, sagte er und nahm bewegt ihre Hände. »Was ich von Ihnen wollte, passt so schlecht in Ihre Trauer.«

»Trauer? Ich bin traurig über den Tod der Mutter, ja, schon deshalb, weil er so rasch kam und weil ich allein bin. Ich weiß nicht, wie viel ich verloren habe und habe auch nicht darüber nachgedacht. Das wird wohl erst kommen.«

Sie führte ihn in die Stube und bat ihn, es sich bequem zu machen.

»Ich war, bevor ich hergekommen bin, bei Ihrem Bruder. Er weiß es wohl nicht?«, sagte er.

»Nein, es kam alles so überraschend. Bitte, bleiben Sie die Nacht hier! Ich fürchte mich allein im Haus!«

Er nickte. »Sie haben in letzter Zeit zu viel mitmachen müssen.«

»Ich fürchte, dass ich meine Mutter nicht genügend geliebt habe, erst spät habe ich erfahren, dass sie gut zu mir war.«

»Machen Sie sich doch keine Vorwürfe!«

»Und dennoch kann ich mich nicht freisprechen von gewissen Nachlässigkeiten. Ich muss gestehen, dass ich oft mehr meinen Vater im Kopf hatte als meine Mutter, obwohl ich ihn nicht kannte. Ich habe mich mit ihm beschäftigt, heimlich mit ihm gesprochen, wenn ich allein und unglücklich war, ohne zu bedenken, dass ich damit vielleicht meine Mutter verraten habe.«

Dann schwiegen sie eine Weile und jeder hing seinen Gedanken nach.

Irgendwann fragte Dorothee: »Was darf ich Ihnen zum Essen geben? Sie müssen doch hungrig sein!«

»Irgendetwas, womit Sie wenig Arbeit haben«, willigte er ein.

Sie ging in die Küche, um für ihn eine Mahlzeit zu bereiten.

Sie dachten in dieser Nacht nicht an Schlaf. Um das Haus strich der Herbstwind und rüttelte an den Sträuchern und Ranken.

»Glauben Sie, dass Sie in diesem Haus allein leben können, bis Ihr Bruder zurückkommt?«, fragte er.

»Es wird mir nichts anderes übrig bleiben«, lächelte sie bedrückt.

»Haben Sie niemanden, den Sie zu sich nehmen können?«

»Nein.«

»Darf ich Ihnen meine Schwester schicken?«

Sie starrte ihn fassungslos an. »Ihre Schwester? Sie würde bestimmt vor Langeweile sterben.«

Er lächelte geheimnisvoll. »Wenn Sie das befürchten, muss ich Ihnen verraten, dass Valerie unseren guten Simon liebt und nicht erst seit gestern und vorgestern.«

Sie schaute zunächst erschrocken auf und meinte dann: »Es muss für Valerie eine bittere Enttäuschung gewesen sein, als sie von seiner Straftat hörte.«

»Sie glaubt nicht daran«, antwortete er ohne Zögern.

»Sie sieht es als Notwehr?«

Er schüttelte den Kopf. »Nein, sie bezweifelt, dass er es war, der den Bauern Randinger niedergeschlagen hat.«

»Weshalb hat er sich dann freiwillig gestellt?«

»Um das zu erforschen, bin ich hier.«

Sie starrte ihn wieder fast entsetzt an. »Das heißt, Sie glauben es auch nicht?«

»Nein, ich auch nicht.«

»Ich verstehe das nicht.«

»Machen Sie sich darüber keine Sorgen. Sie wissen ja, dass ich im Kriminalamt tätig bin, wenn auch vorläufig als ganz kleiner Mann. Mein Vorgesetzter hat mich mit ein paar Aufträgen hergeschickt. Ich habe freilich nicht geahnt, dass Ihr Haus zum Trauerhaus geworden ist. Aber, bitte, Dorothee, nehmen Sie mein Angebot an! Meine Schwester Valerie kommt gerne zu Ihnen. Sie dürfen nicht mehr allein sein. Sie kennen sie noch nicht, aber ich bin überzeugt, dass Sie in ihr die beste Freundin finden.«

»Womit habe ich das verdient, dass Sie sich so um mich kümmern? Ich habe einen trotzigen Charakter, Peter! Ich habe meiner Mutter getrotzt, als ich diese unglückliche Ehe mit dem jungen Randinger eingegangen bin. Auch mein Bruder hat mich davor gewarnt, aber ich habe alles in den Wind geschlagen! Ich habe mein Schicksal geradezu herausgefordert; ich wollte frei werden von meiner Mutter und ihrer verbitterten Menschenfurcht. Ich sehnte mich nach Freiheit, nach Liebe!«

Sie schlug die Hände vor das Gesicht. »Ich kann meine Mutter nicht mehr um Verzeihung bitten. Es ist zu spät.«

Verzweifelt schluchzte sie und es dauerte lange, bis er sie beruhigt hatte.

Dorothee war dankbar, dass Peter Schirmer an ihrer Seite stand, als die Mutter beerdigt wurde.

Auch Hilde und Achim vom Randingerhof waren zu der Trauerfeier gekommen. Beide meinten es ehrlich, als sie ihr das Beileid aussprachen.

»Ich muss heute wieder zurückfahren. Aber ich will Sie nicht allein lassen«, sagte Peter, als sie nach Hause gingen. Trüb war der Tag. Von den Bäumen tropfte Nebelnässe. Feuchtes, dünnes Laub klatschte auf die Erde nieder.

»Darum werde ich die Valerie zu Ihnen schicken. Sie sollen nicht so allein in dem Haus sein.«

Er begleitete sie ins Haus, blieb noch eine

kurze Weile bei ihr, sprach ihr Mut zu, sagte: »Wir sehen uns bald wieder. Mein Auftrag ist noch nicht erledigt, ich werde noch öfter hier zu tun haben. Wir haben uns um den Randingerhof zu kümmern.«

»Was geht mich der Randingerhof noch an? Er ist nur noch ein böser Traum für mich, an den ich nur ungern zurückdenke.«

»Aber uns geht er etwas an«, erwiderte er. »Was dort geschehen ist, muss aufgeklärt werden. – Dorothee, Sie haben Ihren Mann doch nicht niedergeschlagen?«

»Nein!«, rief sie entsetzt. »Wie kommen Sie darauf?«

»Es gibt Leute, die es für möglich halten.«

»Bei Gericht?«

»Auch.«

»Dann möchte ich denen gegenübergestellt werden! Was in jener Nacht geschah, weiß ich nicht. Nachdem ich meinen Mann zur Rede gestellt hatte, ging ich weg und ließ ihn in seiner Wut stehen. Ich habe erwartet, dass er mir folgen würde. Aber es geschah nicht. Ich verließ den Ort und hatte mein ganzes Bargeld bei mir. Da meine Mutter für mein Unglück kein Verständnis zeigte, sehnte ich mich plötzlich nach meinem Vater. Es war natürlich ein verrückter Gedanke von mir, ihn einfach suchen zu wollen.«

»Es sah aus wie Flucht, Dorothee!«

»Das war es ja auch, die Flucht aus dem kaputten Leben in ein neues. Aber ich konnte es nicht finden. An der Grenze hielt man mich zurück. Ich wusste nicht, dass mein Mann tot war, wusste nichts davon, dass er noch mit meinem Bruder zusammengeraten war.«

»Darüber reden wir noch ganz ausführlich miteinander, Dorothee. Jetzt muss ich gehen. Morgen kommt meine Schwester, Sie wird dann bei Ihnen bleiben.«

Die Mutter war tot und wie merkwürdig war es doch, dass Dorothee öfter an ihren Vater denken musste als an die Mutter. Es gab so vieles, was sie nicht verstand und nie verstanden hatte. Sie war mit diesen Zweifeln im Herzen herangewachsen.

Es gab Menschen, die von der Mutter nicht allzu viel Gutes sagten. Sie nannten sie hysterisch und streitsüchtig, andere hielten sie für eine schwierige, unverstandene Frau, die unter ihrer eigenen unglücklichen Veranlagung litt.

Es war jetzt still im Haus, außer ihren eigenen Schritten hörte Dorothee nichts mehr um sich. Nur das Flüstern und Raunen des Herbstwindes, der durch das nackte Gesträuch vor dem Haus wehte, drang zu den Fenstern herein. Mechanisch machte sie ihre Arbeit bei den Bienen.

Warum hatten ihre Mutter und ihr Vater geheiratet? Dass sie sich nicht geliebt hatten, das stand doch einwandfrei fest. Sie hatten sich für alle Zeiten voneinander getrennt, nachdem es ein paar glückliche Ehejahre gegeben hatte, in denen sie und ihr Bruder geboren wurden.

Was war nur geschehen, dass es zu keiner Versöhnung mehr kam? Dem Vater war es zu eng geworden im Emmental, er konnte sich beruflich nicht entfalten, er konnte sich nicht das schaffen, was ihm vorschwebte. Die Mutter, im Emmental und in diesem Imkerhaus geboren, konnte ihr Zuhause nicht verlassen, ohne seelisch zu leiden.

Wo aber blieb dann die Liebe? So viel Trotz und Feindschaft könnte es nicht geben, wenn auch nur einmal ein Funken Liebe da gewesen wäre.

Dorothee dachte an ihre eigene furchtbare Enttäuschung, an die Schrecken und die Furcht vor jenem Mann, den sie geliebt hatte.

Welche Rätsel gaben die Menschen sich auf! Wenn plötzlich der eine den anderen nicht mehr verstand, dann kam die Feindschaft, der Hass, die Rache, die Katastrophe.

Sie weinte um ihren Bruder, der ihr helfen wollte und selbst mit in den Abgrund hinabgerissen wurde. Sie wäre daran verzweifelt und hätte vielleicht darüber den Verstand verloren, wenn nicht Valerie ihr beigestanden wäre.

Schon nach wenigen Tagen waren Dorothee und Valerie gute Freundinnen. Sie verrichteten gemeinsam die täglichen Arbeiten, sorgten für ein warmes Stübchen und stellten ihre Betten zusammen in eine Kammer, damit sie immer zusammen waren, wenn die Einsamkeit sie beschleichen wollte.

Es gab eigentlich keine Geheimnisse zwischen den beiden Mädchen. An den langen Abenden erzählten sie sich ihre Familiengeschichten, von denen freilich die Dorothees die traurigste war, die man sich denken konnte.

Trauer hatte Dorothee auch um ihren Bruder, der für seine Tat immer noch auf seine Verurteilung wartete.

Diese Trauer teilte Valerie mit ihr. Sie liebte den Simon und bezweifelte nicht einen Augenblick seine Unschuld.

»Er hat in Notwehr gehandelt!«, war ihre Behauptung.

Aber wer konnte es beweisen?

»Der Peter glaubt fest an seine Unschuld.«

Die Anklage lautete immer noch auf schwere Körperverletzung mit Todesfolge.

Wenn es auch nicht einen einzigen Menschen gab, nicht einmal im Randingerhof, der den Tod des rabiaten Bauern bedauerte, Recht musste Recht bleiben und das Gericht hatte die Pflicht, die Wahrheit zu finden.

Peter Schirmer hielt sich häufig im Ort auf. Seine Meinung war, dass sein Freund Simon mit dieser Tat überhaupt nichts zu tun hatte. Als er eines Tages seine Schwester allein antraf, sagte er: »Valerie, du musst aus der Dorothee herausbringen, was wirklich in jener Nacht geschehen ist. Ich war noch nie so fest davon überzeugt wie jetzt, dass Simon mit der Tat nichts zu tun hat. Ich kann dir jetzt nicht alles erklären, dazu haben wir keine Zeit. Aber ich glaube, dir wird sie die ganze Wahrheit sagen!«

»Meinst du denn, dass sie dich belügt?«

»Nein.«

»Warum redest du dann so?«

»Der Simon ist mein Freund, Valerie. Kein Mensch kennt ihn so genau wie ich! Ich habe einen schrecklichen Verdacht.«

Valerie hielt den Atem an, aber sie konnten nicht weitersprechen, weil Dorothee hereinkam und den Gast freudig begrüßte.

Über Nacht war das Emmental weiß geworden. Schwer lastete der Schnee auf den Bäumen und bog die Äste herab. Schneepflüge öffneten die Verbindungsstraßen. Man hatte das Gefühl, als wäre es noch stiller geworden im Emmental. Früh kamen die Nächte, und wenn der Wind am Haus vorbeiwehte, dann rieselten die Eiskörner gegen die geschlossenen Fensterläden. Im Ofen krachte das Feuer und wärmte die Stube.

»Es muss schrecklich gewesen sein für dich, Dorothee, damals, als du wegen der anderen Frau vom Randingerhof gegangen bist«, begann Valerie ganz unvermittelt an einem solchen Abend, als sie im warmen Stübchen saßen und an Strickereien arbeiteten.

Dorothees Stirn furchte sich. »Ja, es war schrecklich.«

»Du bist dann hierher gegangen?«

Dorothee nickte. »Es war ein harter Entschluss. Lieber wäre ich irgendwo hingegangen, wo ich ganz fremd gewesen wäre. Aber der Simon holte mich heim und die Mutter zeigte viel Verständnis für mich. Hätte ich das Rad der Zeit zurückdrehen können! Ach, wie gern wäre ich wieder das hoffnungsvolle Mädchen gewesen, das noch nichts wusste von solchen Dingen! An einem Abend, als ich die Wäsche von der Laube hereinholte, sah ich die beiden draußen auf der Straße vorbeigehen. Sie gingen zum Wald, wo er gerade Holz schlagen ließ. Ich hatte keine Ruhe mehr, ich wollte ihm seine ganze Gemeinheit ins Gesicht schleudern. Deshalb verließ ich das Haus und ging den beiden nach.«

»Und dann?«

»Es gelang mir, ihn zur Rede zu stellen, aber ich erntete nur Hohn und Spott. Wäre ich ein Mann gewesen, hätte ich ihn bestimmt niedergeschlagen. So lief ich weg, aber ich scheute mich, noch länger im Ort zu bleiben. Ich wollte sogar das Land verlassen und nach meinem Vater suchen. Wie seltsam! Auf einmal hatte ich Heimweh nach meinem Vater, den ich nie im Leben gekannt habe. Aber ich kam in den Verdacht, Guido im Affekt oder aus Eifersucht niedergeschlagen zu haben. Inzwischen aber hatte mein Bruder sich freiwillig zu dieser Gewalttat bekannt.«

»Glaubst du wirklich, dass dein Bruder diese Tat begangen hat?«, fragte Valerie und in ihrer Stimme war ein leises Zittern.

Dorothee zuckte die Schulter. »Ich wusste nicht, dass er mir nachging, als ich das Haus verließ. Es war inzwischen dunkel geworden. Ich weiß auch nicht, wo er stand, als mein Mann mich verhöhnte. Aber er muss alles mitangehört haben. Ich stelle mir vor, dass er ihn zur Rede stellte, als ich weggelaufen war. Und dann geschah es wohl.«

Wieder ein langes bedrücktes Schweigen. Die Finger Valeries zitterten bei der Arbeit.

»Es gibt keine Zeugen«, fuhr Dorothee fort. »Ich kann mir nicht vorstellen, dass mein Bruder sich zu einer solchen Tat hinreißen ließ; denn er war immer besonnen und konnte sich beherrschen, viel besser als ich.«

»Angenommen, du hättest etwas in der Hand gehabt, womit du deinen Mann hättest niederschlagen könne, hättest du es getan, Dorothee?«, fragte Valerie.

Sie sahen sich mit großen, erschrockenen Augen an.

»Ich weiß nicht mehr, was ich in jenem Augenblick dachte und wollte. Aber es kann schon sein, dass ich den Wunsch hatte, es möchte etwas niedersausen und diesen Menschen erschlagen, ein Blitz vom Himmel, oder ein losgebrochener Ast aus den Bäumen …«

Der Wind fegte an den verschlossenen Fensterläden vorbei.

»Natürlich hat alle Welt geglaubt, ich hätte ihn erschlagen, darum fing man mich an der Grenze ab. Hätte ich es doch getan! Es lagen genug schwere Prügel herum. Es geht mir jetzt um meinen Bruder! Ich hätte es nicht dazu kommen lassen dürfen, dass er mit Guido zusammengetroffen ist!«

»So darfst du nicht denken, Dorothee! Es war Schicksal!«

»Ja, ich habe es damals herausgefordert, als ich gegen den Willen meiner Mutter und meines Bruders den Bauern heiratete. Ich allein bin schuld am ganzen Unglück! Ich will und darf meinen Bruder nicht im Stich lassen. Wenn er zurückkommt, muss er seine Bienenvölker vorfinden. Sie sind seine Existenz. Dann aber werde ich den Ort verlassen und nie mehr zurückkehren. Ich danke dir für deine Unterstützung, Valerie, dass du bei mir bleiben willst. Ob ich sonst nicht schon verrückt geworden wäre?«

»Du bist immer noch die Bäuerin vom Randingerhof! Willst du nicht dorthin zurückkehren?«, fragte die Valerie.

»Nein.«

Achim Randinger saß am Tisch in der großen Bauernstube, auf dem er eine Menge Niederschriften, Listen und Notizen ausgebreitet hatte. Es war noch früh am Nachmittag, trotzdem brannte schon Licht, weil der Tag trüb war und immer wieder Schneetreiben über das Land hinwegging, bei dem sich der Himmel fast nächtlich verdunkelte.

An solchen Tagen blieb den Menschen kaum noch eine Erinnerung an ihr schönes, in allen Farben blühendes sommerliches Emmental.

Achim hatte andere Sorgen, als dem schönen Sommer nachzuträumen; er befasste sich schon seit Tagen mit dem Stand der Wirtschaft und mit dem erschreckenden Defizit, in dem sein Bruder den väterlichen Hof hinterlassen hatte.

Die alte Hilde wusste um diese Sorgen, aber sie konnte ihm weder raten noch helfen.

Schulden! Schulden! Schulden!

Wie konnte man ein Anwesen nur so ruinieren? Die Ernten waren gut gewesen, die Erträge konnten sogar gesteigert werden. Aber es war eine Kuh nach der anderen verkauft worden, sogar Grundstücke! Und nun wurde auch noch im Wald Raubbau getrieben.

Nein, es war nicht gelogen, was die Leute sich schon seit Jahren über den Bauern vom Randingerhof zuflüsterten.

Er war auf dem Weg zum Bankrott, aber er führte sein flottes Leben sorglos fort bis zu seinem Ende.

Achim packte eines Tages seine Dokumente zusammen und suchte die Dorothee auf.

»Ich habe damit nichts zu tun, Achim, denn ich bin nicht mehr die Bäuerin vom Randingerhof, seit dein Bruder die Gütertrennung gemacht hat«, sagte sie. »Ich habe mich weder um das Einkommen noch um das Vermögen gekümmert. Es tut mir Leid!«

»Du hättest nie deine Einwilligung zur Gütertrennung geben dürfen!«, grollte er.

»Ich bin mit nichts gekommen und mit nichts gegangen. Und wenn ich dir einen Rat geben darf, überlass seinen Gläubigern den Hof, sie sollen sich selbst um ihre Forderungen streiten.«

»Nie!«, rief er.

»Tu, was du willst. Du bist der rechtmäßige Erbe. Mir gehört nichts und darüber bin ich froh!«

»Du bist wohl auch froh, dass dein Bruder ihn erschlagen hat?«

»Nein, aber ich hätte es tun müssen, um meinen Bruder vor diesem Unglück zu bewahren!«

»Ich habe nicht einmal das bekommen, was mir zusteht.«

»Darum hättest du dich früher kümmern müssen, solange noch etwas da war.«

»Er hat mir den Wald versprochen.«

»Es ist nicht meine Schuld, wenn er sein Versprechen nicht gehalten hat. Ich möchte nie mehr an die Zeit erinnert werden, Achim, die ich im Randingerhof gelebt habe. Grüß die Hilde von mir, sie ist ein guter Mensch und tut mir Leid.«

Diese Unterredung hörte Valerie schweigend an. Sie merkte sich Wort für Wort, um ihrem Bruder alles genau zu erzählen.

Aber dann ereignete sich etwas Neues. An einem dieser Tage brachte der Briefbote ein amtliches Schreiben. Dorothee musste den Empfang schriftlich bestätigen; das Schreiben war noch an die Mutter gerichtet.

Natürlich musste sie es öffnen. In dem Schreiben, das ein paar amtliche Stempel aufwies, wurde kurz mitgeteilt, dass der Stuckateur Matthias Frey durch einen schweren Autounfall ums Leben gekommen und auf dem Friedhof in Überlingen, seinem Wohnort, beerdigt worden war. Er habe ein Testament über die Verteilung seines Vermögens hinterlassen, das er seinen beiden Kindern Dorothee und Simon Frey vermacht habe. Es werde gebeten, dass einer der Angehörigen baldmöglichst käme, um die Angelegenheit erledigen zu können.

Dorothee und Valerie berieten sich darüber. Dorothee aber wollte erst etwas unternehmen, wenn sie mit ihrem Bruder darüber gesprochen hatte. Es war das erste Zeichen, das sie von ihrem Vater erhielt, aber der Vater war tot.

Und auch die Mutter lag auf dem Friedhof.

Noch hatte Dorothee nicht gewagt, den Schrank der Mutter zu öffnen, in dem sie ihren Schriftverkehr verwahrte. Sie wusste nicht einmal etwas von Dokumenten, die da sein könnten, von einem Testament.

Valerie erinnerte sie daran, dass sie unbedingt nachschauen müsste, und so öffnete Dorothee eines Tages nicht ohne Scheu den Schrank in Mutters Schlafkammer, in dem sie neben ihren Kleidern in den Seitenfächern ihre Korrespondenz aufbewahrte.

Nichts deutete darauf hin, dass sie irgendwann einmal mit ihrem Mann eine schriftliche Abmachung getroffen hätte oder zu irgendeiner Verständigung gekommen wäre.

Aber auf dem Speicher stand noch eine altertümliche Truhe, in der auch solche Dinge aufbewahrt wurden, die man nicht wegwerfen wollte. Niemand außer der Mutter hatte Zugang zu dieser Truhe gehabt und für Dorothee war sie immer ein Hort von Geheimnissen gewesen.

Es war kalt auf dem Speicher, an den Fenstern hatten sich dicke Eisblumen gebildet. In wollener Jacke und mit starren Fingern klaubte Dorothee Ding für Ding aus der Truhe, als sie nach längerem Suchen den Schlüssel gefunden hatte.

Erst als sie tiefer hineingriff, entdeckte sie eine Holzschatulle mit einem Schloss daran. Der Schlüssel steckte.

Und was sie hier in der Schatulle fand, ließ sich zu einer vergangenen Liebesgeschichte zusammenbauen, die freilich durch den Starrsinn und die Unversöhnlichkeit der Mutter ihr tragisches Ende gefunden hatte.

Brief um Brief las Dorothee. Der Atem dampfte vor ihrem Mund, so kalt war die Luft.

Valerie wollte sich nicht in die Familiengeheimnisse der Freundin hineindrängen und blieb unten. Als diese aber allzu lange in der Kälte des Speichers blieb und nichts mehr von ihr zu hören war, schaute sie doch einmal nach ihr.

Vor dem Fenster lag bereits die Dämmerung, nur mit Mühe vermochte Dorothee die Briefe noch zu lesen, die chronologisch eingeordnet in der Schatulle lagen. Sie war bereits dort angelangt, wo die Eltern getrennt lebten und kein Zusammenfinden mehr zu erhoffen war.

Als Valerie die Treppe heraufstieg und die

Freundin in das warme Stübchen holen wollte, fand sie sie vor der Truhe auf dem Boden kauernd und still in sich hineinweinend.

»Dorothee!«, rief sie erschrocken. »Du weinst?«

Dorothee ordnete die Briefe in die Schatulle zurück, erhob sich frierend und zitternd.

»Mein Gott, Valerie, wenn du wüsstest, was ich hier gelesen habe! Wie können die Menschen sich an Leid und Unglück klammern, wie meine Mutter es getan hat! Verstehst du das?«

Natürlich verstand Valerie nichts davon. »Ich sehe, wie du zitterst und frierst«, antwortete sie. »Komm doch in die Stube, dort ist es warm.«

Schweigend nahm Dorothee die Schatulle an sich und ging langsam die Treppe hinab.

In der Stube war es warm. Das Licht brannte und die Fensterläden waren zugezogen.

»Mein Vater war einmal eingesperrt«, sagte Dorothee plötzlich ganz unvermittelt. »Er hatte sich in Schmugglergeschäfte eingelassen, nur um zu verdienen, was er zu seinem Unterhalt benötigte. Man hat ihn dabei erwischt und schwer bestraft.«

Valerie hörte gespannt zu.

»Wie viele Leute haben in jener schlechten Zeit illegale Geschäfte gemacht! Der eine hatte das Glück, nicht erwischt zu werden, ein anderer wieder hatte das Pech, geschnappt zu werden. Findest du das ein großes Verbrechen, Valerie?«

»Nun, jedenfalls verstößt es gegen das Gesetz.«

»Ich habe das Geständnis unseres Vaters gelesen, es handelte sich um Uhren. Davon hat meine Mutter nichts gewusst, er wollte ihr seine Vorstrafe nicht eingestehen. Wahrscheinlich hat er sie gut genug gekannt, um zu wissen, dass sie sofort ihre Beziehung zu ihm abbrechen würde. Er wollte sie überreden, unser Haus zu verkaufen, die Imkerei aufzugeben und mit ihm dorthin zu gehen, von wo ihm die besten Angebote zugegangen waren. Er muss in seinem Beruf ein Meister gewesen sein. Ich vermute, dass er in jener Zeit der Mutter sein Vergehen eingestanden hat; denn in dieser Zeit muss ihre Trennung stattgefunden haben. Der Vater zog durch die Lande.«

Und plötzlich brach Dorothee in Tränen aus. »Hier! Lies selbst diese Briefe, die er damals heimgeschrieben hat in seinem Heimweh nach der Familie, in seiner Sehnsucht nach seinen Kindern! Lies selbst, wie er gebettelt hat, Geld bringen zu dürfen, womit die Kinder ihre Ausbildung machen sollten! Das alles hat die Mutter hart zurückgewiesen. Sie nannte ihn wahrscheinlich einen Betrüger, einen Zuchthäusler, mit dem sie nichts mehr zu schaffen haben wolle. Sie erlaubte ihm die Heimkehr nicht, sie liebte ihn nicht mehr und wies das Geld zurück, das er schicken wollte. Oh, Valerie, meine Mutter war eine harte Frau, wir haben sie nicht verstanden. Ich glaube, niemand verstand sie. Sie muss sehr gelitten haben, aber sie war nicht so klug, ihrem Leid ein Ende zu machen, indem sie dem Vater verziehen hat, worum er sie bat, so lange, bis er einfach nicht mehr konnte.«

»Ich möchte dir helfen, Dorothee! Was kann ich für dich tun?«

»Beide sind tot, Valerie. Es ist zu spät.«

»Ich habe deine Mutter nicht gekannt, ich weiß nicht, wie schwer sie daran getragen hat.«

»Sie hat nicht nur ihr, sondern auch das Leben unseres Vaters zerstört – und auch natürlich das Leben von uns Kindern.«

»Urteile jetzt nicht zu hart, Dorothee!«

»Ich fahre morgen zu meinem Bruder. Glaubst du, man lässt mich zu ihm?«

»Geh zuerst zum Peter, er wird dir helfen.«

Die Nacht kam und am Lauf des Flusses entlang zog sich die weiße Nebelbahn durch das verschneite Emmental, so weit das Auge reichte. Das bedeutete Frostverschärfung.

In den Häusern gingen die Lichter an, zuerst vereinzelt, dann immer mehr. So schimmerten auch vom Randingerhof her ein paar Lichter durch die einbrechende Nacht.

Peter Schirmer folgte der schmalen Zufahrtsstraße, die mit tief eingedrückten Spuren an das Gehöft heranführte. Die Tür war unversperrt, er konnte ungehindert in den dunklen Gang eintreten. Er zog die Handschuhe aus und drückte die warmen Hände gegen die Ohren, die vom Frost schmerzten. Die Luft roch nach Stall, Heu und saurer Milch.

Schließlich klopfte er an die Tür, aus deren Ritzen ein Lichtschein fiel und geriet in die Küche, wo die Hilde am Herd stand und in einer Pfanne rührte.

»Guten Abend! Ich hätte gern mit dem Bauern gesprochen. Wo finde ich ihn wohl?«

Die Hilde starrte den Mann an und überlegte, wo sie ihn schon gesehen hatte. Ganz fremd war er ihr nicht. Unwillkürlich brachte sie ihn mit der Polizei in Verbindung, aber damals waren ja eine Menge Leute ins Haus gekommen.

»Der Bauer?«, wiederholte sie. »Der ist doch schon seit dem Spätherbst tot.«

»Ich meine natürlich seinen Bruder.«

»Ach, den Achim? Der ist heute in die Stadt gefahren und noch nicht zurückgekommen. Aber er kann jeden Augenblick hier sein. Wollen Sie warten?«

»Ich komme vom Kriminalamt«, sagte er und zeigte ihr seine Marke. »Ich möchte, dass Sie mir ein paar Fragen beantworten.«

»Gern, wenn ich es kann. Bitte, fragen Sie!«

»Gehen wir nicht lieber in die Stube?«

Sie schob die Pfanne beiseite, führte ihn in die Stube, bot ihm Platz an und blieb vor ihm stehen.

»Setzen Sie sich doch!«, sagte er. »Wie lange sind Sie schon auf dem Hof?«

»Mehr als zwanzig Jahre.«

»Dann kennen Sie die Menschen hier wohl recht gut«, meinte er.

»Das kann man wohl sagen.«

»Ich bitte Sie darum, sich an jenen Abend zu

erinnern, an dem der Bauer erschlagen wurde. Ich glaube nicht, dass es Ihnen schwer fällt, denn solche Ereignisse vergisst man nicht, aber hat man einigen Abstand dazu gewonnen, fallen einem die Einzelheiten ein, die in der Aufregung einfach verloren gingen.«

Es war nicht erkennbar, ob sie ihn überhaupt verstanden hatte; sie schaute ihn nur abwartend an.

»Sie können sich doch noch gut erinnern, was an jenem Abend im Einzelnen geschehen ist?«

Sie nickte. »Ich glaube schon.«

»Bitte, erzählen Sie mir doch, wie dieser Abend hier im Haus verlaufen ist, ehe die Schreckensbotschaft eingetroffen ist, dass der Bauer erschlagen wurde.«

»Die Bäuerin war an diesem Abend nicht mehr da; sie hatte schon mehrere Tage zuvor das Haus verlassen«, begann Hilde zu erzählen. »Sie ist gegangen, als der Bauer die neue Wirtschafterin mitgebracht hat.«

»Diese Frau war zuvor nie im Haus?«, fragte er.

»Nein, aber ich bin überzeugt, dass er sie schon lange kannte. Die Bäuerin behauptete, dass er eine Geliebte in der Stadt habe. Deshalb ist es ja zu dem großen Streit und zu der Trennung gekommen. Ich habe nicht gelauscht, aber habe trotzdem alles mitgehört, weil es oft so laut zuging. Der Bauer versuchte, ihr Untreue vorzuwerfen mit einem fremden Sommergast, der im Gasthaus wohnte. Aber dieser Vorwurf ließ sich nicht aufrecht erhalten; die Bäuerin war eine aufrichtige und tüchtige Frau. Sie tat mir in der Seele Leid. Ich wollte, dass sie ihre Rechte als Bäuerin verteidige. Aber sie schüttelte nur den Kopf und ging. Da wusste ich, dass sie nichts mehr von diesem Mann und diesem Haus wissen wollte. Aber das habe ich doch alles schon vor der Polizei ausgesagt!«, besann sie sich plötzlich und starrte ihn an.

Er lächelte. »Macht nichts. Man muss oft über etwas nachdenken und sprechen, um auf die Wahrheit zu stoßen. Auch wir von der Polizei sind nur Menschen, die sich irren können.«

»Aber man weiß doch, dass der Bruder der Bäuerin in Notwehr den Bauern niedergeschlagen hat«, meinte sie.

»Das wird nur vermutet. Wissen tut man gar nichts, bis auf das wenige, das Simon Frey freiwillig ausgesagt hat.«

»Reicht das nicht?«, fragte sie.

Er schüttelte den Kopf. »Ebenso gut könnte es ja die Bäuerin gewesen sein, die ihren Mann aus Eifersucht oder Verachtung niedergeschlagen hat, als sie das Paar zusammen gesehen hat.«

»Nein!«, schrie die Magd. »Das hat sie nicht getan!«

Es blieb eine Weile still. Beide dachten nach.

»Wie lange ist der Bruder des Bauern schon aus dem Haus?«

»Oh, schon lange. Sie haben sich nicht vertragen. Der Guido hat dem Achim zu lange das Erbe vorenthalten. Da hat er eines Tages nach einem heftigen Streit das Haus verlassen und ist davongegangen.«

»Und kam nie mehr zurück?«

»Doch, aber meistens hat er den Guido nicht angetroffen.«

»Wann war er das letzte Mal hier?«

»Das war an jenem unseligen Abend. Der Bauer war gerade weg. Er wartete eine Weile auf seine Rückkehr; weit konnte er nicht sein. Aber dann ist er gegangen und hat gesagt, dass er in wenigen Tagen wieder kommen will.« Die Haushälterin schaute auf. »Nun, dann musste er ja kommen und sich um den Hof kümmern, nachdem der Bauer tot war.«

Peter nickte. »Mehr wollte ich eigentlich nicht wissen«, sagte er nach einigem Nachdenken. »Vielleicht komme ich morgen noch einmal vorbei und spreche selbst mit ihm.«

Hilde nickte. »Er hat große Sorgen«, gestand sie dann.

»So?«

»Der Hof ist sehr verschuldet. Ich weiß nicht, ob er noch den nötigen Kredit bekommen wird. Zu gönnen wäre es ihm, denn der Achim war immer fleißiger als der Guido.«

Peter bedankte sich bei der Hausangestellten und verabschiedete sich.

»Wer ist da?«, rief die Valerie hinter der fest verschlossenen Tür, als es zu ihrem Erschrecken mehrmals geklopft hatte. Sie war an diesem

Abend ganz allein im Haus, weil Dorothee zum Gerichtsgefängnis gefahren war, um mit ihrem Bruder über die neuesten Ereignisse zu sprechen. Sie wollte eigentlich erst am nächsten Tag zurück sein.

»Ich bin's, der Peter«, antwortete er. »Ich brauche für diese Nacht ein Quartier!«

»Der Peter!«, rief sie erfreut und nahm den schweren Riegel von der Tür.

Dann umschlang sie ihren Bruder. »Wie bin ich froh, dass du da bist! Es ist ein unheimliches Haus! Sobald die Nacht kommt, fürchte ich mich.«

Er folgte ihr in die warme Stube. Im Kamin krachte das Feuer, das sie soeben nachgelegt haben musste.

»Bist du allein? Wo ist die Dorothee?«

»Sie ist in die Stadt gefahren und wollte dich treffen. Du solltest ihr helfen, Simon besuchen zu können.«

»Dann haben wir uns verfehlt. Aber sie kann den Simon bestimmt sprechen, wenn sie ihm etwas Wichtiges mitzuteilen hat. Er ist immer noch in Untersuchungshaft.«

»Ja«, sagte sie, »sie hat ihm etwas Wichtiges mitzuteilen.« Und nun erzählte sie ihm, dass sie Nachricht über den tödlichen Unfall ihres Vaters erhalten habe und zum Antritt der Erbschaft aufgerufen worden sei.

Er war darüber sehr betrübt. »Dann haben sie also auch den Vater verloren!«

»Den sie nicht einmal gekannt haben!«

»Aber welche Sehnsucht hat die Dorothee nach ihm gehabt! Es muss ihr sehr weh getan haben.«

»Ja, sie ist sehr erschüttert. Ich mache dir jetzt eine Kleinigkeit zu essen, du wirst hungrig sein.«

Nachdem er gegessen hatte, räumte sie das Geschirr vom Tisch, legte noch einmal im Kamin nach und setzte sich zu ihm. Sie beobachtete sein Gesicht und bemerkte, dass er recht bedrückt aussah.

»Dass du heute hierher gekommen bist, Peter, obwohl du von all dem nichts gewusst hast?«

»Ich war dienstlich da und wollte im Randingerhof eine Vernehmung machen. Aber der neue Bauer war leider nicht da. Ich konnte nur mit der Haushälterin sprechen. Ich meine fast, ihre Aussage könnte genügen. Trotzdem muss ich den Achim noch selbst verhören. Darum musst du mich diese Nacht hier behalten, Valerie!«

»Gern! Ich bin ja froh, dass du da bist!«

»Du meinst, dass die Dorothee heute nicht heimkommt?«

»Nein, weil es zeitlich gar nicht möglich ist. Sie muss in der Stadt übernachten.«

»Schade, dass wir uns verfehlen mussten«, bedauerte er.

»Du hast sie gern, die Dorothee, gelt?«, fragte sie.

»Ich gebe gerne zu, dass ich viel mehr an sie denke als sie an mich.«

»Du darfst nicht ihre Sorgen vergessen, Peter.«

Er schaute sie lange fragend an. »Hast du jemals dran geglaubt, dass der Simon den Bauern niedergeschlagen hat, Valerie?«

»Diese Frage hast du mir oft gestellt. Ich kann dir keine Antwort geben als nein, es sei denn, er hätte, wie er behauptet, aus Notwehr gehandelt!«

»Hast du jemals den Gedanken gehabt, die Dorothee könnte es getan haben?«

Sie starrte ihn entsetzt an. »Bist du verrückt geworden, Peter?«

»Dann habe ich dir ein schweres Unrecht zu beichten, Valerie.« Er sprang plötzlich auf und stellte sich abgewandt ans Fenster.

»Peter!«, rief sie und schaute ihn entsetzt an.

»Warum musste auch alles so kommen!«, grollte er. »Warum hat der Simon sich freiwillig der Polizei gestellt! Weil auch er es für möglich hielt, dass seine Schwester in ihrer Verzweiflung die Tat beging. Er wollte sie decken!«

Sie war ihm gefolgt und stand jetzt dicht hinter ihm. »Peter!«, schrie sie.

Er wandte sich nach ihr um.

»Ich weiß, du liebst den Simon und du hast ihn dir verdient. Keinen Augenblick zweifeltest du an seiner Unschuld! Du musst mir helfen, Valerie, damit ich mein Selbstvertrauen wieder finde! Seit heute kenne ich den Täter und deshalb schäme ich mich! Ich kann nicht einmal bei der Dorothee Abbitte leisten, aber ich darf sie hoch achten und bewundern – ich darf sie lieben!«

Sein Blick suchte die Uhr. »Ich muss sofort

zurück in die Stadt, wenn ich auch nicht weiß, wie ich alles anstellen soll!«

»Nein, Peter! Lass mich jetzt nicht allein! Ich fürchte mich!«

Sie hielt ihn fest. Er merkte, dass sie weinte.

»Komm, setzen wir uns an den Kamin«, lenkte er ein. »Wir haben so viel miteinander zu reden.«

Bei winterlich verwehten Wegen oder gar bei Schneetreiben war der Weg in die Stadt unendlich lang, besonders, wenn man auf öffentliche Verkehrsmittel angewiesen war. Als Dorothee an diesem Tag die Stadt erreichte, konnte sie nichts mehr ausrichten. Die Behörden hatten bereits geschlossen. Sie hatte es nicht anders erwartet, weil wegen eines Schneesturms ein Omnibus ausgefallen war. So nahm sie für die Nacht Quartier in einer schönen Pension.

Als sie am folgenden Morgen im Polizeipräsidium vorsprach, erfuhr sie, dass Peter dienstlich auswärts zu tun hatte. Es blieb ihr nun nichts anderes übrig, als den Beamten zu bitten, ihr die Möglichkeit zu verschaffen, mit ihrem Bruder zu sprechen, was um so leichter erlaubt werden konnte, weil ein neuer Todesfall in der Familie vorgekommen war.

Es war nicht das erste Mal, dass sie in dem kahlen Raum mit dem rohen Tisch und ein paar unbequemen Stühlen auf den Untersuchungsgefangenen Simon Frey wartete.

Er wurde bald durch eine Seitentür hereingeführt. Sie war dankbar, dass der Aufsichtsbeamte, der sie bereits vom Sehen kannte, sich so weit zurückzog, dass sie ungeniert mit ihrem Bruder sprechen konnte.

»Das letzte Mal musste ich dir den Tod der Mutter mitteilen«, begann sie mit bebender Stimme. »Heute habe ich dir die Mitteilung vom Tod unseres Vaters zu machen.«

Er starrte sie verblüfft an und nahm mechanisch das Schreiben, das sie ihm hinhielt. Er ließ sich auf den Stuhl nieder, stützte den Kopf in die Hände und las das Schreiben ein paar Mal durch, als könnte er es auf einmal nicht fassen.

»Du musst nach Überlingen fahren, Dorothee, und dein Erbe antreten«, sagte er dann.

»Es ist auch dein Erbe, Simon! Er war auch dein Vater! Ach, hättest du es doch nicht getan!«

Er fuhr auf. »Was denn?«

»Hättest du dich doch nicht von Guido herausfordern lassen; er war der größte Feigling, der sich höchstens getraut hat seine Frau zu schlagen.«

Er sah sie lange an.

»O Dorothee!«, sagte er dann.

»Was ist mir dir?«

»Ich habe alles falsch gemacht!«, klagte er sich an.

»Bitte, geh zum Peter und schicke ihn zu mir! Er muss mir helfen!«

»Ich verstehe dich nicht, Simon! Du hast in Notwehr gehandelt. Man kann dich nicht dafür verantwortlich machen.«

»Ich hätte dich, meine Schwester, besser kennen müssen! Das ist es, was ich mir vorwerfe. Warum musstest du auch gerade an diesem Abend heimlich das Haus verlassen und weggehen, als wolltest du vor deinem eigenen Gewissen fliehen, deinem Unglück, deiner Verzweiflung über ein verlorenes Leben!«

»Wie gut wäre es gewesen, wenn ich über die Grenze gekommen wäre; vielleicht hätte ich den Vater mit Hilfe der Polizei gefunden. Da hat er noch gelebt, Simon! Alles wäre anders gekommen! Alles!«

Sie hatte den Eindruck, dass er ihr gar nicht zuhörte und an etwas ganz anderes dachte. Plötzlich warf er seine Arme um sie und drückte sein Gesicht an ihre Wange. »Verzeih mir, Dorothee! Verzeih mir!«

»Ich habe dir nichts zu verzeihen, Simon!«, rief sie verwirrt.

»Doch, – denn nicht einmal ich habe dich gekannt.«

Das Schneetreiben dauerte auch am nächsten Tag noch an. Aber die Hauptverkehrsstraße wurde durch Schneepflüge offen gehalten. Wer nicht unbedingt außerhalb des Hauses zu tun hatte, verließ es nur, um die Schneeverwehungen vor den Fenstern wegzuschaufeln oder einen Gehweg zur Straße hinaus zu graben.

Deshalb fiel es im Ort nicht auf, dass im Lauf des Vormittags dieses Tages am Randingerhof das

Polizeiauto vorfuhr und Achim zu einem Verhör ins Polizeipräsidium abholte.

Einer seiner Begleiter war Peter Schirmer, der zuvor eine ganze Weile mit seiner Dienststelle telefoniert hatte. Im Schneetreiben fuhr der Wagen davon und wurde bald nicht mehr gesehen. Der einzige Mensch, der ihm nachschaute und ein paar Mal verständnislos den Kopf schüttelte, war die Hilde, der der wahre Sachverhalt zu dämmern begann.

Sollte es aber sich tatsächlich so verhalten, wie sie befürchtete, war es um den Randingerhof geschehen, es sei denn, jemand könnte die Dorothee bewegen, als Bäuerin auf den Hof zurückzukehren.

Aber wer sollte sie dazu bringen? Niemand brauchte sich zu wundern, wenn sie nicht mehr wollte. Trotzdem machte die Hilde sich auf den Weg zur Imkerei, um mit der Dorothee zu reden.

Zu ihrer Verwunderung öffnete ihr nicht die Dorothee, sondern ein ihr völlig fremdes Mädchen, das ihr sagte, dass die Dorothee nicht daheim sei und vor dem Abend wohl kaum zurückkehren werde.

»Man hat heute Morgen den Achim verhaftet«, berichtete die Haushälterin erregt.

»Verhaftet?«

»Ich denke es mir. Zwei Männer in Zivil tauchten plötzlich in einem Polizeiwagen vor dem Haus auf, hatten ein längeres Gespräch mit ihm und nahmen ihn schließlich mit.«

Valerie nahm den Bericht schweigend zur Kenntnis und nickte nur dazu.

»Ich wollte die Bäuerin bitten, auf den Hof, der nun verwaist ist, zurückzukehren!«, sagte die Hausangestellte.

»Es gibt keine Bäuerin vom Randingerhof mehr«, erwiderte Valerie. »Keine Macht der Welt kann die Dorothee zur Rückkehr bewegen. Sie ist frei und beginnt eben ein neues Leben.«

Die Haushälterin nickte ergeben. »Das Glück soll zu ihr finden.«

Valerie schaute der guten Alten im Schutz des Vordachs nach, als sie ihren Weg ins Dorf zurückstapfte.

Es war Peter Schirmer nicht schwer gefallen, Achim Randinger zu einem Geständnis zu bewegen, als er ihm vor Augen hielt, welche Schuld er auf sich laden würde, wenn er einen anderen für seine Tat büßen lasse. Mit seiner Selbstanzeige bei der Polizei habe Simon Frey seine Schwester decken wollen; denn wer hätte daran zweifeln können, dass sie in ihrer seelischen Verfassung, nach all der erlittenen Qual und Demütigung, für ein paar Augenblicke die Beherrschung verloren und gegen ihren Mann die Hand erhoben hatte. Daran hatte Simon umso mehr glauben müssen, weil sie danach verschwunden sei!

Wenn Achim die Tat abzuleugnen versuche, verschlimmere er nur seine Lage. Wenn schon Simon Frey sich durch Irreführung der Polizei wegen seines falschen Geständnisses strafbar gemacht habe, läge der Fall für ihn bei hartnäckigem Leugnen noch weit schlimmer. Nachdem feststehe, dass er am fraglichen Abend im Ort gewesen sei, habe er wenig Chancen, die Tat abzustreiten.

Sein Schweigen lag Achim wohl so schon schwer genug auf dem Gewissen, außerdem musste er erkennen, dass er den Hof nicht mehr retten konnte.

Vor dem Untersuchungsrichter legte er dann ein volles Geständnis ab und jetzt erst erfuhr man, was sich an jenem unseligen Herbstabend wirklich zugetragen hatte:

Als Achim an jenem Abend heimkam, um seine Erbschaftsforderung an seinen Bruder erneut zu stellen, traf er nur die alte Haushälterin an, von der er erfuhr, dass Guido noch zu den Wäldern hinaufgestiegen sei, wo zur Zeit große Mengen Holz geschlagen würden, damit ein Teil der Schuldenlast getilgt werden könnte.

Die Haushälterin war vom Bankrott des Randingerhofes überzeugt gewesen. Der Betrogene aber war Achim, der noch nichts von seinem Erbe zu sehen bekommen und seine letzte Hoffnung auf die Wälder gesetzt hatte.

Eine Weile hatte Achim auf die Heimkehr seines Bruders gewartet, um ihn zur Rechenschaft zu ziehen und mit der Anzeige zu bedrohen. Aber Guido kam nicht. Er wollte also dem Bruder entgegengehen oder ihn droben in den Wäldern suchen. Um ihm nicht direkt in die Arme zu laufen, blieb er nicht auf dem Weg, sondern suchte hinter den Hecken und Bäumen Deckung.

»Hatten Sie da bereits die Absicht, Ihren Bruder tätlich anzugreifen?«, unterbrach hier der Untersuchungsrichter den Bericht Achims.

»Ich kann nicht mehr sagen, wie weit ich mich noch in der Gewalt hatte, nachdem ich mich so betrogen sah, denn ich hatte bis zu dem großen Streit ohne Lohn auf dem väterlichen Hof gearbeitet.«

Der Richter nickte. »Fahren Sie fort in Ihrem Bericht!«

»Als ich den Wald erreichte, hörte ich aus der Nähe auf einmal laute, streitende Stimmen eines Mannes und einer Frau. Die Stimme des Mannes erkannte ich als die meines Bruders. Aber wer war die Frau? Seine Freundin konnte es nicht sein, denn die hatte ich weiter drunten gesehen, wo sie auf einem Flurstein neben dem Weg saß. Also konnte er nur mit seiner Frau aneinander geraten sein. Ich schlich mich näher und konnte gerade noch sehen, wie er sie von sich stieß und sogar ein paar Mal schlug. Ich hörte, wie er sie mit den gemeinsten Worten beschimpfte, als hätte nicht er, sondern sie die eheliche Treue verletzt. Ich sah, wie die Frau davonlief. Es hatte den Anschein, als wollte er ihr folgen. Und da trat ich ihm in den Weg.«

Achim Randinger atmete erschöpft auf und schaute düster vor sich hin.

»Er erschrak, als er mich plötzlich vor sich stehen sah«, fuhr der junge Bauer mit veränderter

Stimme fort. »Er fragte: Was willst du hier? Ich antwortete ihm, dass ich mich nur davon überzeugt hätte, dass er mich nun um den letzten Rest meines Erbes gebracht habe. Wir gerieten in heftigen Streit, denn ich drohte ihm jetzt mit einer Anzeige bei Gericht, weil er mich durch sein Lotterleben um alles gebracht habe. In seiner Wut griff er mich wie schon öfters tätlich an und schlug auf mich ein. Aber diesmal zog ich mich nicht mehr vor ihm zurück. Ich ergriff einen Holzprügel, der in der Nähe lag, und schlug auf ihn ein. Lautlos brach er zusammen. Ich floh und verließ den Ort.«

»Am Tag darauf kehrte ich aber zurück und erfuhr, dass mein Bruder an dieser Körperverletzung gestorben war«, fuhr Achim fort.

Der Untersuchungsbeamte unterbrach ihn. »Sie übernahmen darauf den Hof als Nachfolger und Erbe Ihres Bruders!«

»Ich versuchte zu retten, was noch zur retten war.«

»Und ließen das Gericht in dem Glauben, dass die Tat seine Frau, beziehungsweise deren Bruder begangen hätte, der sich sofort freiwillig stellte, um die Schwester vor dieser schweren Anklage zu beschützen.«

Achim schwieg.

»Es rührte nicht an Ihr Gewissen, dass ein Unschuldiger diese Tat auf sich zu nehmen versuchte? Sie allein kannten die Wahrheit, aber es kümmerte sie nicht, wer dafür bestraft wird!«

Der Richter hatte seine Stimme erhoben.

»Ich bekenne mich zu meiner schweren Schuld«, fuhr Achim Randinger mit geneigtem Kopf fort. »Ich kann das Gericht nur bitten, mir Glauben zu schenken, dass ich alles wieder gutmachen wollte. Es war ja damit zu rechnen, dass Simon Frey Notwehr zugestanden werden könnte, sodass er keinen weiteren Schaden gehabt hätte. Ich wollte zunächst den Hof meiner Eltern vor dem Bankrott retten, die Gläubiger um Aufschub ihrer Forderungen bitten, denn mein Bruder hatte alles verprasst. Ich wollte versuchen, den Randingerhof vor dem Hammer zu bewahren. Dann erst wollte ich dem Gericht die Wahrheit sagen. Aber jetzt sehe ich, dass der Randingerhof nicht mehr zu retten ist. Ich bin bereit, für meine Tat zu büßen.«

Abermals trat ein längeres Schweigen ein, in dem nur das Klappern der Schreibmaschine zu hören war.

Dann wurde Achim Randinger das Protokoll zur Unterschrift vorgelegt. Ohne zu zögern, setzte er seinen Namen darunter.

Es wurde sofort Haftbefehl gegen ihn erlassen.

»Darf ich um eine Aussprache mit Simon Frey bitten?«

Der Vernehmungsrichter nickte und gab Peter Schirmer das Zeichen, den Gefangenen zu Simon Frey zu führen.

Als Simon Frey in sein Emmental zurückkehren durfte und seine Unschuld bereits in allen Zeitungen veröffentlicht worden war, traf er freilich seine Mutter nicht mehr an. Sie war zur ewigen Ruhe auf dem Friedhof bestattet und hatte die Wahrheit über das unselige Geschehen in jener Herbstnacht nicht mehr erfahren dürfen, weil Achim Randinger zu lange geschwiegen hatte.

Aber Dorothee wartete auf ihn und sah wieder aus wie das hübsche junge Mädchen, das einmal voll Zuversicht und Lebenslust auf den Randingerhof geheiratet hatte.

Und Valerie wartete auf ihn und jetzt hatten sie keinen Grund mehr, ihre Liebe geheim zu halten. Dorothee wusste von der Liebesbeziehung dieser beiden; sie hatte an den langen Winterabenden von dem unerschütterlichen Glauben Valeries an Simons Unschuld erfahren und hatte sich oft geschämt vor diesem Mädchen wegen ihrer Zweifel, die immer wieder in ihr aufsteigen wollten.

Weinend hing sie an ihrem Bruder und schlang die Arme um ihn. Sie brauchten einander nichts zu sagen, sie verstanden sich auch so. Dann gab sie ihn frei für Valerie, die das erste Recht auf ihn hatte, und ging hinüber zu den Bienenhäusern.

Immer noch war Winter im Emmental, als sie davon erfuhren, dass der Randingerhof versteigert worden sei. Ein neuer Besitzer zog ein.

Noch etwas ereignete sich, solange der Winter dauerte: Simon war mit Dorothee nach Überlingen gereist. Beide waren erstaunt über die große Summe Geld, die der Vater ihnen hinterlassen hatte.

Sie verabredeten mit der Friedhofsverwaltung den Tag, an dem die Leiche ihres Vaters exhumiert und ins Emmental überführt werden sollte.

Es gab im kleinen heimatlichen Friedhof eine stille Beerdigung, aber in der Stube daheim hingen jetzt nebeneinander die vergrößerten Bilder von Vater und Mutter aus der Zeit ihrer besten Lebensjahre.

Frühling im Emmental.

Es gab wieder viel Arbeit in der Imkerei. Wie früher waren Simon und Dorothee bei der Arbeit, als hätte sich inzwischen nichts ereignet.

Aber beide hatten sich verändert, sie waren reifer geworden, selbstständiger, erfahrener, obwohl gerade bei Dorothee festzustellen war, wie sehr sie wieder dem Mädchen von früher ähnelte. Oft stand sie auf der Laube und schaute verträumt in die Ferne.

Simon beobachtete sie oft heimlich, wenn sie so selbstvergessen ihre Arbeit unterbrach und ihre Gedanken fortwandern ließ.

Aber wohin?

»Ich habe beim Steinmetz in Burgdorf ein Grabkreuz bestellt, das wir für die Eltern im Friedhof setzen lassen«, sagte er an einem Abend, als er spät heimkam. »Die Inschrift überlasse ich dir. Du brauchst sie nur auf einen Zettel zu schreiben.«

Sie überlegte ganz kurz nur. »Hier ruhen unsere lieben Eltern Matthias und Martha Frey, denke ich. Oder willst du etwas anderes?«

»Nein, es ist schon gut so. Wir wollen niemandem eine Schuld geben, Dorothee, denn kein Mensch ist ohne Schuld, auch wir beide nicht. Aber ich habe noch in keinem Frühling so viel Zuversicht in mir verspürt wie heuer, obwohl ich vieles falsch gemacht habe. Ich weiß nicht, wie ich dir alles erklären soll. Habe ich beim Vater Abbitte zu leisten, meine ich, ich müsste es bei dir tun, Dorothee. Du bist ihm am nächsten gestanden, näher als selbst die Mutter. Die Briefe, die du gefunden hast, beweisen das und kamen bei dir in die richtigen Hände. Aber wir haben auch die Mutter nicht verstanden. Oder kannst du mir sagen, warum sie seine Briefe aufgehoben hat, ohne sie zu beantworten oder sich mit ihm zu versöhnen, wie er es wollte? Glaub mir, Dorothee, sie hat ihn doch geliebt, aber sie war eine seltsame, unverstandene Frau. Das Emmental war ihr Zuhause, das sie um keinen Preis verlassen wollte. So kam es zu dieser Trennung. Aber wir beide wollen es anders machen. Das Größte im Menschen ist die Liebe. Wir werden glücklicher sein als die beiden, die erst im Tod Seite an Seite ruhen.«

»Wann wirst du heiraten, Simon?«

»Ich?«, wunderte er sich.

Sie lächelte. »Ich bin nicht mehr das naive Mädchen von damals, Simon. Außerdem hat die Valerie mir gestanden, wie gern sie dich hat. Sie wird deinetwegen die Stadt verlassen und ins Emmental ziehen. Sie wird dich unterstützen in der Arbeit. Du glaubst gar nicht, welches Interesse sie gezeigt hat, wenn wir in die Bienenhäuser gegangen sind. Sie hat Frage um Frage gestellt. Warum wohl? Und du liebst sie auch! Worauf wartest du noch?«

»Ich habe noch nicht einmal mit ihren Eltern gesprochen!«

»Dann wird es aber Zeit!«, meinte sie.

»Warum? Willst du mir davonlaufen?«

»Ich kann euch nicht das ganze Leben zur Last fallen. Ich wollte hoch hinaus und Bäuerin von einem schönen Hof werden. Vielleicht wandle ich in den Spuren unseres Vaters und gehe anderswohin!«

»Dorothee!«, rief er erschrocken.

Ein blauer Himmel wölbte sich über dem Emmental und ein trockener Sommerwind strich über das Land. Lauter noch als der Wind summten die Bienenschwärme um das Haus. Eine bunte Blumenpracht säumte zu beiden Seiten die bröckelnden Steinstufen, die zur Eingangstür heraufführten.

Am Abend kam Simon zurück und brachte die Geschwister Schirmer mit. Die Eltern hatten zur Heirat ihrer Tochter die Einwilligung gegeben. An einem der nächsten Sonntage wollten sie zu Besuch kommen und das neue Zuhause Valeries besichtigen.

Die beiden Geschwisterpaare feierten die Verlobung zwischen Valerie und Simon. Sie schauten hinab ins Tal, lauschten auf das ferne Rauschen eines Flusswehres und besprachen die Zukunft.

Dasselbe wiederholte sich, als die Eltern Schirmer kamen und sich voll Interesse, aber nicht ganz ohne Furcht die Imkerei zeigen ließen. Sie bewunderten das schöne, blühende Land und waren überzeugt, dass ihre Tochter hier glücklich leben würde.

Sie kannten die menschlichen und charakterlichen Vorzüge des jungen Imkers. Gern gaben sie ihren Segen zu dieser Verbindung. Der Tag der Hochzeit wurde festgesetzt und auf einmal fand das Glück wieder herein in das alte Haus droben vor den Wäldern.

Sie hatten sich darauf geeinigt, dass die kirchliche Trauung in einer einsam gelegenen Klosterkirche stattfand, um allen neugierigen Blicken zu entgehen und um nicht noch einmal unter den Leuten die Erinnerung an all jene unseligen Vorkommnisse zu wecken.

Es musste jetzt vergessen werden und zur Ruhe kommen, was so viel Anlass zu Kritik und Aufregung im Ort gewesen war.

Dorothee half ihrem Bruder bei seiner Arbeit in der Imkerei. Valerie kümmerte sich um das Haus wie ehemals die Mutter. Es herrschte unter den drei Menschen eine wunderbare Eintracht und in den Herzen des jungen Ehepaares Liebe und Vertrauen zueinander.

Dorothee störte die Flitterwochen nicht. Sie verließ an den Abenden das Haus, wanderte durch die Fluren und blühenden Wiesen, oder sie zog sich zurück in ihre Kammer.

Zum Wochenende kam Peter Schirmer zu Besuch.

Wer aber glaubte, seine Besuche galten dem Freund oder der Schwester, der täuschte sich. Der Gegenstand seiner Sehnsucht war Dorothee, in der er längst nicht mehr die Witwe, sondern das Mädchen sah, das er liebte und das er schon geliebt hatte, ehe sie in den Randingerhof geheiratet hatte. Das war damals gewesen, als er den Freund und Kameraden aus der Militärzeit das erste Mal im Emmental besucht hatte.

Simon ahnte etwas von dieser Liebe und Valerie wusste davon. Sie sprach einmal mit Dorothee darüber.

»Ich würde deinen Bruder sehr unglücklich machen, Valerie!«, sagte Dorothee und schaute verträumt in die Dämmerung. »Die Mutter hat mir oft vorgeworfen, es stecke viel von meinem Vater in mir. Vielleicht hatte sie Recht. Es war mir zu eng hier heroben. Der Randinger tat sich nicht schwer, als er mich zur Bäuerin wollte. Vielleicht wollte ich hier heraus, etwas mehr erreichen im Leben. Heute kommt mich oft die Lust an, in die Fußstapfen meines Vaters zu treten, nur habe ich außer dem Haushalt nichts gelernt als die Imkerei. Frag mich nicht, ob es mir Spaß macht, denn ich weiß es nicht einmal. Du hast meinen Bruder glücklich gemacht und ihr beide werdet immer glücklich sein hier im Emmental. Mein Unglück war zu groß, um es noch einmal vergessen zu können. Schau, Valerie, darunter müsste ein anderer

Mensch leiden, der von mir Liebe und Heiterkeit erwartet.«

»Das ist nicht wahr, Dorothee! Mein Bruder liebt dich und du liebst ihn! Du wirst ein neues Leben mit ihm beginnen und einer schöneren Zukunft entgegengehen!«

»Ich habe eine große Schuld auf mich geladen, sie wird mich nie mehr froh werden lassen.«

»Eine Schuld? Was soll das für eine Schuld sein, Dorothee?«

»Ich kann es dir nicht so erklären, dass du mich verstehst. Ich habe den Randinger geheiratet, gegen den Willen meiner Mutter, noch besser gesagt, aus Trotz. Ich bin mit diesem Mann unglücklich geworden. Was ich für Liebe hielt, war nicht Liebe, sondern ein Drang nach Befreiung aus der Gefangenschaft, in der die Mutter mich hielt. Als ich meinen Irrtum erkannte, wurde ich zur Mörderin!«

»Aber Dorothee! Was redest du da?«, rief die junge Frau entsetzt.

»Man kann auch in Gedanken zum Mörder werden, Valerie. Ja, ich habe Guido Randinger den Tod gewünscht, als ich ihn da drunten auf diesem Weg mit seiner Geliebten vorbeigehen sah. In einem Buch habe ich einmal gelesen, dass manchen Menschen Kräfte innewohnen sollen, durch die sie böse Wünsche Wirklichkeit werden lassen können. Mein Bruder hatte keinen Zweifel, dass ich es war, die ihren Mann umgebracht hat.

Er wollte mir helfen und stellte sich als Täter der Polizei.«

»Das war ein großer Irrtum. Warum kannst du das nicht vergessen? Ich habe ihn bewundert, weil er es getan hat, um dich zu retten.«

Sie mussten unterbrechen, denn eben kam der Wagen Simons die Straße herauf. Valerie lehnte sich über die Brüstung.

»Er muss in der Stadt gewesen sein, mein Bruder ist bei ihm!«, rief sie und lief davon.

Valerie begrüßte ihren Mann mit einem Kuss und reichte dann ihrem Bruder die Hand.

»Ich habe ein paar Tage frei bekommen«, sagte Peter. »Der Simon hat mich mitgenommen und wenn du nichts dagegen hast, bleibe ich da.«

»Wie schön! Wir legen eben ein Gedeck mehr auf, wenn du mit meiner Kochkunst zufrieden bist.«

Valerie erkundigte sich nach den Eltern und nach den Neuigkeiten in der Stadt, wo sie geboren und aufgewachsen war.

Es kam zu einem heiteren Gespräch.

Peter horchte unruhig ins Haus. »Wo bleibt denn die Dorothee?«, fragte er schließlich ungeduldig.

»Wir waren auf der Laube, eigentlich müsste sie noch dort sein.«

Da lief er hinaus und eilte über die Treppe hinauf, kam aber gleich darauf zurück und zuckte die Schulter. »Nirgends zu sehen.«

»Sie wird doch nicht schon ins Bett gegangen sein?«, erwog Valerie. »Warte, ich schau nach, vielleicht finde ich sie in der Kammer.«

Aber auch in ihrer Kammer war Dorothee nicht zu finden. Sie regten sich plötzlich alle auf, bis auf Simon.

»Sie geht spazieren. Es ist ja so ein schöner Abend«, sagte er.

»Ich werde mich nach ihr umsehen«, entschloss sich Peter und ging hinaus.

Valerie und Simon warfen sich einen verständnisvollen Blick zu.

»Er liebt sie«, sagt er.

»Ich weiß.«

»Aber sie kann sich nicht frei machen von der Vergangenheit. Ich möchte ihr helfen und kann es nicht! Aber der Peter wird es schaffen, darum habe ich ihn heute mitgebracht. Die beiden lieben sich, seitdem sie sich das erste Mal begegnet sind. Aber damals war sie die Braut des Randinger.«

Inzwischen war der Mond hinter den Hügeln heraufgekommen und schüttete sein weißes Licht über das Land. Die Luft war so klar, dass man den Fluss drunten wie ein gekrümmtes Silberband liegen sah.

Peter ging um das Haus herum. Schmal führte der Weg durch wuchernde Schlingpflanzen hinaus zur Straße. Fast betäubend roch der Jasmin von den Hecken her.

Da sah er Dorothee stehen und ins Tal schauen. Er näherte sich ihr.

»Dorothee!«, rief er.

Sie wandte sich nach ihm um. »Grüß Gott, Peter!«

»Ich habe ein paar freie Tage und bin mit deinem Bruder gekommen.«

Sie nickte und reichte ihm die Hand.

»Du glaubst nicht, wie gern ich ins Emmental komme!«, sagte er.

»Ja, es ist schön bei uns, besonders jetzt.«

Er setzte sich ins Gras, obwohl es schon taufeucht war.

»Ich liebe dich, Dorothee, und habe so große Angst, du könntest mich abweisen«, sagte er unvermittelt und blickte zu ihr auf.

Sie schwieg.

»Ich weiß, wie sehr du dein Zuhause hier liebst, vielleicht ebenso sehr wie deine Mutter, die eurem Vater auch nicht hinaus in die Welt folgen konnte«, fuhr er fort.

Sie schüttelte den Kopf. »Warum bist du so spät zu uns gekommen, Peter? Du hast meinen Bruder doch schon lange gekannt! Es wäre alles anders gekommen. Aber der Simon hat nur an sein Glück gedacht, er wollte mit deiner Schwester zusammen sein.«

Er stand auf und ergriff ihre Hände. »Wir sind beide jung, Dorothee, es ist nicht zu spät!«

»Ich habe mir erst heute wieder überlegt, ob es nicht besser wäre, ich würde es wie unser Vater machen und wegziehen«, gestand sie. »Mein Bruder ist sehr glücklich geworden, um seine Ehe braucht sich niemand Sorgen zu machen; er schlägt weder dem Vater noch der Mutter nach.«

»Und du bist von der gleichen Art, Dorothee!«

»Nein! Die Mutter hat mir oft meine Ähnlichkeit mit meinem Vater vorgeworfen!«

»Dein Vater aber war gut und blieb euch nah, wenn auch aus der Ferne! Stimmt das etwa nicht?«

Sie schluchzte und warf plötzlich ihre Arme um ihn.

»Dorothee!«

Er küsste sie und sie verwehrte es ihm nicht. Langsam kehrten sie zum Haus zurück. Das Mondlicht fiel ihnen ins Gesicht.

»Ich habe dich schon geliebt, als ich Guido Randinger geheiratet habe. Das war eine große Schuld, die ich auf mich genommen habe. Aber ich wollte zu meinem Wort stehen.«

Er nahm sie fest beim Arm. »Es fängt ein neues Leben an, Dorothee! Ich wollte dich bitten, dass du morgen mit mir zu meinen Eltern fährst«, sagte er. »Sie erwarten dich. Unsere Wohnung ist groß und die Mutter ist schlecht auf den Beinen. Sie könnte dich so notwendig brauchen.«

Sie hielt den Schritt an, überlegte eine Weile, dann nickte sie beglückt vor sich hin. »Ja, Peter, ich werde mit dir kommen.«

»Aber deine Bienen musst du zurücklassen!«

Sie lachte silberhell in die nächtliche Stille.